COM-MUNICATION ET MARKETING RESPONSABLES

Assaël Adary

COM-MUNICATION ET MARKETING RESPONSABLES

Enjeux et pratiques d'un secteur en révolution

DUNOD

Mise en pages : Belle Page

11 rue Paul Bert, 92240 Malakoff
ISBN 978-2-10-083188-3

« Le meilleur moyen de prédire votre avenir, c'est de le créer. »

Abraham Lincoln

« L'espoir dans l'inconnu. »

Téléphone, *Les Dunes*

Sommaire

Introduction
Un péché originel ?

Quel est le point commun entre la ligne d'écoute pour lutter contre le harcèlement, la démarche de l'UDECAM pour mesurer l'empreinte environnementale des campagnes, l'engouement pour le label « RSE Agences Actives » de l'AACC, les positions fortes de l'ADETEM, les états généraux de la Filière Communication ? Toutes ces initiatives sont récentes et convergent vers le même enjeu : le marketing et la communication responsables.

Si je voulais saisir dès l'introduction mon auditoire, j'affirmerais qu'il s'agit d'une question de vie ou de mort de nos métiers. Certes, il ne s'agit pas d'une disparition foudroyante, instantanée, mais d'une lente érosion économique. Un enchaînement létal : la fuite des talents, la régulation de plus en plus intense de nos métiers avec de nouvelles contraintes, un refus des citoyens de nos pratiques. Et donc, *in fine*, une défaite. Néanmoins, gardons en tête qu'un KO brutal est toujours une éventualité si nous ne nous transformons pas rapidement. La publication d'un « Guide de la Communication Responsable » par l'ADEME en janvier 2020 en est un signal fort. Notre secteur est sous le feu des projecteurs et c'est une opportunité !

Notre risque mortel est tout entier contenu dans l'expression anglo-saxonne « *licence to operate* » que l'on pourrait traduire par « autorisation à faire ce que nous faisons et de la manière dont nous le faisons ». L'expression est utilisée dans les pratiques RSE des sites industriels et certains communicants s'étonneront qu'on leur pose cette injonction devant le nez. La publicité est-elle une pollution ? Les relations annonceurs-agences sont-elles déloyales ? Les agences sont-elles toxiques pour leurs collaborateurs ? Nos pratiques numériques sont-elles incompatibles avec l'impérative transition écologique ? « Pollution », « déloyale », « toxique », « incompatibilité », les mots sont durs et pourtant des solutions existent déjà. Ce livre est ainsi celui d'un militant optimiste, exigeant et bienveillant. Je ne veux pas proposer ici un *bashing* de plus de notre secteur, mais je veux regarder nos responsabilités sans complaisance ni pleutrerie. Ne rien esquiver, assumer pour changer.

« *Licence to operate* » : il s'agit évidemment d'une autorisation autant légale (risque de régulation) que morale. Et c'est là tout l'enjeu de la communication responsable. Pour notre secteur, il s'agit de *mériter* le droit d'exercer nos métiers. De le regagner. Nous sommes confrontés à une injonction de muter pour des raisons politiques, économiques, culturelles ou environnementales. Toute esquive n'est plus possible, toute tentative de minorer les enjeux ne fera qu'accélérer la chute. Pour apprécier positivement l'instant historique que nous vivons, le *momentum* pour notre secteur, il faut considérer que cette mutation profonde demandée est un enrichissement de nos métiers, une opportunité forte pour renouer avec une vision stratégique de nos fonctions qui engendrera davantage de légitimité et de reconnaissance.

La communication responsable n'est pas une évolution lente, longue, c'est un sursaut. Ce ne sont pas les V3.4.2 d'un logiciel, mais un nouveau système de fonctionnement pour nos métiers qu'il nous faut installer collectivement et rapidement. La bonne nouvelle, c'est que notre boîte à outils, que vous découvrirez dans ce livre, est pleine. Tout est là ! Et parfois depuis des années. Il ne s'agit pas de conduire un énième procès de la communication et du marketing, car il suffit de tendre l'oreille pour entendre la foule *basher* nos métiers. Et comme le dit si bien Thierry Wellhof, « *la communication est l'affaire de tous, elle est un bien commun. Parce que sans elle, on ne peut espérer changer le monde. Surveillons ceux qui l'utilisent. Mais ne doutons pas d'elle*[1] ».

Évoquer la communication et le marketing responsables, c'est justement offrir des solutions, des perspectives acceptables et atteignables pour sortir de la vision manichéenne de nos métiers. Oui, aujourd'hui, la communication et le marketing semblent sommés de s'expliquer sur leurs pratiques actuelles et depuis leur origine. La pratique de la communication et du marketing responsables nous offre l'opportunité de regarder nos métiers avec lucidité, sans concession, mais avec la certitude que nous pouvons, nous savons faire mieux, faire plus juste.

Reste alors à trouver une volonté, une motricité collective pour réellement transformer notre secteur. Questionner la responsabilité de la communication, c'est nécessairement questionner ses utilités : finalement à quoi sers-tu ? Et si par hasard il était compliqué de trouver une réponse simple, forte à cette question, il s'agit alors d'une démarche ontologique : explorer l'être même de la fonction communication, ses entrailles, sa substance primitive.

Imitons Leibniz qui se demandait dans *Principes de la nature et de la grâce* (1714) : « Pourquoi y a-t-il quelque chose plutôt que rien ? ». Pourquoi y a-t-il des fonctions Communication et Marketing dans les organisations plutôt que rien ? On sait déjà combien on économiserait en termes de ressources financières et humaines. Alors, pour quelles finalités utiles ? Et si, comme Leibniz, on pense que rien ne se fait sans raison, c'est-à-dire que pour chaque chose, il y a une raison suffisante qui en rend compte, alors cherchons ces raisons qui, mises en

1. Wellhof T., *Le procès de la communication*, Manitoba/Les Belles Lettres, 2016.

cohérence, formeront les fondamentaux de la théorie et des pratiques de communication et de marketing responsables.

Pour déchaîner autant de haines, de mépris ou tout simplement de cinglantes indifférences, que s'est-il passé à l'origine de nos métiers ? Avons-nous subi l'affreux sortilège d'une sorcière qui, penchée sur les berceaux des premiers communicants et marketeurs, nous a promis à une vie d'agonie et de culpabilité ?

Le titre du tout premier livre de Jacques Séguéla en 1992 résume à lui seul cette genèse : *Ne dites pas à ma mère que je suis dans la publicité... elle me croit pianiste dans un bordel* (Flammarion). Et cette supplique permet de comprendre que communication et marketing ne semblent pas être des fonctions *a priori* respectables. « *Il faut avouer que j'avais le virus. Je le tenais de Pierre Lazareff. Comment être mieux contaminé ? Alors commença ma course contre le mal. [...] J'en suis là. Ne me touchez pas. Je suis contagieux.* » D'ailleurs, en bon funambule, Jacques Séguéla publie en 2020 un livre qui appuie encore un peu cette mauvaise naissance : *Ne dites pas à mes filles que je suis devenu écolo, elles me croient publicitaire* (Éditions Coup de Cœur).

Mais creusons encore un peu et disons-le, nos métiers sont parfois honnis parce qu'ils sont craints. Si nous étions une simple commodité, nous ne ferions pas l'objet d'autant d'attention et de ressentiments. Deux options sont alors possibles pour nous mobiliser et agir.

Nous pouvons considérer que la communication et le marketing sont des fonctions fragiles, peu stratégiques, en périphérie du pouvoir, qui génèrent peu d'impacts, qu'ils soient positifs ou nocifs. Dès lors, pour nous convaincre de basculer dans l'ère de la responsabilité, rappelons-nous la métaphore du colibri célébrée par Pierre Rahbi :

> *« Un jour, dit la légende, il y eut un immense incendie de forêt. Tous les animaux terrifiés, atterrés, observaient impuissants le désastre. Seul le petit colibri s'activait, allant chercher quelques gouttes avec son bec pour les jeter sur le feu. Après un moment, le tatou, agacé par cette agitation*

dérisoire, lui dit : "Colibri ! Tu n'es pas fou ? Ce n'est pas avec ces gouttes d'eau que tu vas éteindre le feu !". Et le colibri lui répondit : "Je le sais, mais je fais ma part." »

Dans cette hypothèse, si la communication et le marketing sont considérés comme des fonctions supports mineures au vu des enjeux macro-économiques, alors ensemble, faisons au moins notre part.

Mais nous pouvons (et devons) aussi considérer et revendiquer que la communication et le marketing sont des fonctions puissantes, stratégiques et dotées d'une capacité transformative de la société. Pour nous en convaincre, craindre les effets de la communication et du marketing, c'est déjà reconnaître que ce sont des fonctions qui génèrent des impacts majeurs. Cette grande puissance qui nous est attribuée, y compris par nos opposants, induit de prendre conscience de notre responsabilité, selon l'adage « *là où l'on trouve un grand pouvoir, on trouve une grande responsabilité*[2] ».

Dans cette seconde hypothèse, l'équation posée par la communication et le marketing responsables devient un étendard mobilisateur : oui nous sommes des fonctions expertes, oui nous créons de la valeur pour nos organisations et oui nous avons des impacts forts sur la société… Donc nous devons urgemment garantir que ses impacts ne sont que positifs et sans effets collatéraux néfastes.

C'est l'objet de ce livre : proposer un contenu militant, stratégique et « boîte à outils », afin de disposer à la fois de convictions, d'arguments, d'une vision, mais aussi d'exemples de bonnes pratiques et de solutions.

2. Cette fameuse phrase est associée à de multiples auteurs, une sorte de citations « mème » : Winston Churchill en 1906, Franklin D. Roosevelt en 1945, ou le personnage de Ben Parker, oncle de Peter Parker *alias* Spider Man. Mais incontestablement, ce truisme découle du verset biblique : « *On demandera beaucoup à qui l'on a beaucoup donné* » (Luc, XII, 48).

Tribune

Dominique Lê Van Truoc | Directeur de la communication et de la mobilisation WWF France

J'ai longtemps consommé la pub comme on mange des chips à l'apéro : avec plaisir et gourmandise... Jusqu'à mon premier infarctus. Là, un professeur, avec la mine de celui qui sait, m'a demandé depuis combien de temps je me suicidais à la charcuterie. J'ai rétorqué que : 1) c'était des chips et pas de la charcuterie et 2) que je faisais ce que je voulais. Que c'était mon corps et *#halteàladictaturesanitaire*.

Une nouvelle alerte plus tard, je me suis mis aux carottes. Pas avec plaisir. C'est chiant les carottes. Il y a moins de sel, moins de gras et on n'échappe pas aux réflexions sur les lapins et leurs aptitudes amoureuses. En fait, peut-être que si j'avais été moins glouton naguère, je pourrais toujours me délecter de ma dose de cholestérol en crackers.

La communication d'entreprise est en train de vivre le même drame. Pendant des années elle a rempli les écrans de message double crème qui faisait la part belle à une consommation débridée, aux produits polluants et aux services qui massacrent la planète. On nous promet un produit fabriqué par des personnes sous-payées, venant du bout du monde en 24 h chrono, ou mieux encore, la livraison de nos courses en 10 minutes ! Mais qui a besoin d'une boîte de raviolis en moins d'un quart d'heure ?

Cette surenchère a un coût social, environnemental et va finalement se retourner contre les promoteurs de ce mode de vie. Les agences de communication vont se voir corseter de lois, d'interdictions et de diktats moraux. À moins qu'elles ne commencent leur révolution et se régulent en cadrant leurs clients. Je ne parle pas d'un coup de peinture verte, j'évoque une remise à plat des messages et des pratiques. D'un travail avec les ONG et les experts pour penser messages et moyens.

Certes, ce n'est pas simple, mais c'est le prix à payer pour pouvoir encore grignoter des chips de temps en temps.

Chapitre 1

Des prémisses de la RSE à la communication responsable

Il serait possible mais un peu pessimiste et peu constructif de se demander pourquoi il a fallu autant de temps pour engager réellement la communication sur le chemin de sa responsabilité alors que tout était là depuis de nombreuses années.

Regarder le passé et évoquer la longue liste de rendez-vous ratés, d'experts insuffisamment écoutés, de forces – voire de lobbies – qui nous ont finalement desservis, qui nous ont rétrospectivement affaiblis aux yeux de l'opinion, qui ont freiné les belles velléités de certains, serait juste. Mais regardons d'où nous venons avec un autre œil, plus pacifique, disons-nous que nous sommes riches de toutes ces initiatives, comprenons nos erreurs et rendons hommage à celles et ceux qui ont su voir avant, plus tôt.

Il ne s'agit pas ici de retracer l'histoire du développement durable et de la RSE avec une méticulosité d'historien, d'autres livres[1] existent pour cela, mais de rappeler quelques ingrédients et dates fondateurs.

1. Lépineux F., Rosé J.-J., Bonanni C. et Hudson S., *La RSE. La responsabilité sociale des entreprises*, 2e éd., Dunod, 2016.

1. Une inspiration protestante

Le concept de RSE dans la littérature dédiée aux entreprises apparaît au début des années 1950 dans les livres de l'économiste américain Howard R. Bowen[2]. Cependant, en dehors du champ de l'entreprise, la question de l'engagement, de la responsabilité des citoyens, du rapport entre l'humain et la Terre, etc., ont alimenté les penseurs depuis l'origine de la philosophie.

Social Responsabilities of the Businessman[3]

L'économiste américain Howard R. Bowen fut le premier à parler de responsabilité des « hommes d'affaires ». Professeur d'économie de l'Université de l'Illinois, il fut accusé d'être « anti-business » par des adeptes du maccarthysme n'ayant pas apprécié sa vision de l'entreprise et dû démissionner de son poste. Mais toutes les prémisses des approches théoriques en matière de RSE étaient déjà dans son ouvrage de 1953. En effet, fidèle à son statut d'économiste, Bowen envisage la responsabilité sociale comme une question d'ingénierie économique, une manière d'améliorer l'articulation de l'économie à la société. Dès la préface, il écrit : « *Les questions fondamentales sont les suivantes : [...] quelles responsabilités à l'égard de la société devrait-on être raisonnablement en droit d'exiger de la part des hommes d'affaires ? Quelles étapes devrait-on suivre, d'un point de vue pratique, pour donner plus de portée aux dimensions sociales des décisions d'entreprise ?* »

Bowen qualifie le contexte économique américain des années 1950 de *mixed economy* ou de *welfare capitalism*, à mi-chemin entre libéralisme et socialisme. Mais si les dirigeants ne veulent pas basculer dans un système plus proche du socialisme, ils doivent néanmoins considérer les implications sociales de leurs décisions et « *atteindre un équilibre raisonnable entre l'intérêt privé et public* ». Bowen s'attache ensuite à présenter la vision protestante de la responsabilité sociale de l'entreprise, soulignant les fondements religieux de cette doctrine – les penseurs protestants n'ont jamais soutenu de manière inconditionnelle ni le système capitaliste

2. Bowen H.R., *Social Responsibilities of the Businessman*, Harper, 1953 et Goyder G., *The Responsible Corporation*, Blackwell Publishers, 1961.
3. À partir de l'analyse d'Aurélien Acquier et Jean-Pascal Gond à la « XIVe Conférence Internationale de Management Stratégique », Angers, 2005.

ni la propriété privée. Les dirigeants s'accommoderaient donc mieux d'un système mixant libre entreprise et intervention étatique.

Ainsi, pour que la responsabilité sociale devienne une force structurante de l'action des managers, il est d'abord nécessaire qu'ils considèrent comme naturelle l'idée de responsabilité sociale. Cela passe par un travail de réflexion de l'entreprise qui doit envisager à la fois la production de biens et services, les conditions de cette production et la prise en compte des différentes parties prenantes. Mais il ne saurait y avoir d'institutionnalisation de la responsabilité sociale sans que le grand public ou la société civile ne prenne part à ce processus : « *D'une part, les acteurs (les hommes d'affaires) doivent être conditionnés à vouloir se soumettre aux règles morales et, d'autre part, le public doit attendre qu'ils se conforment à ces règles et leur imposer des pénalités s'ils ne le font pas.* »

L'analyse de Bowen montre la complexité de ce processus de construction collective impliquant toutes les parties prenantes : structures dirigeantes, entreprises, associations et citoyens ; et appelant des transformations à plusieurs niveaux, tels que :

– les mentalités : quelles sont les attentes de la société à l'égard de l'entreprise ?
– les discours : entre les hommes d'affaires, les politiques et le grand public, les discours sur la responsabilité convergent-ils ?
– les pratiques : quelles sont les pratiques labellisées « responsabilité sociale » ?
– les institutions : quelles institutions sont nécessaires pour faire émerger des normes de la responsabilité sociale ?
– les savoirs : l'apparition de nouveaux savoirs permet-elle d'analyser et de comprendre les conséquences sociales des activités de l'entreprise ? L'existence de dispositifs de mesure permet-elle de voir et d'appréhender des phénomènes invisibles auparavant ?

Au-delà de la littérature, depuis les années 1960, des événements majeurs, le plus souvent internationaux, ont ponctué et orienté l'ensemble de la pensée et les pratiques en matière de responsabilité sociétale.

Parmi les actions remarquables des citoyens, Frédéric Tiberghien, président de l'Observatoire de la responsabilité sociétale des entreprises (ORSE), en retient quelques-unes : « *C'est par exemple le boycott par des consommateurs anglais du sucre de canne des Caraïbes produit grâce à l'esclavage ou, au* XIX*e siècle en Europe, l'apparition d'une législation relative à l'amélioration des conditions de travail des ouvriers* », dans un article de la *Revue parlementaire*.

Les grandes étapes de la responsabilité dans le monde, en France, dans les secteurs de la communication et du marketing

Décennie	Année	Monde	France	Secteur communication	Année
1950	1953	Howard Bowen [*Social Responsabilities of the Businessman*]			
1960					
1970	1972	**Stockholm** Conférence des Nations unies sur l'environnement			
	1978		**Loi Informatique et Libertés**		
	1976		**Loi Veil** sur le tabac		
1980	1987	**Rio** Rapport Brundtland "Our Common Future"			
1990	1991		**Loi Évin** sur le tabac et l'alcool		
	1992	**Rio** Sommet de la Terre		Thierry Libaert [*La communication verte*]	1992
	1994		**Loi Toubon** langue française	**Loi Sapin** sur la transparence dans la publicité	1993
	1996	Norme ISO 14001			
	1997	Protocole de **Kyoto**			
2000	2001		**Loi NRE** dont reporting CAC 40		
	2002	**Johannesburg** Sommet mondial du Développement Durable			
	2003		**SNDD** (Stratégie nationale développement durable)		
	2007		**Grenelle de l'Environnement**		
	2009	**Copenhague** COP 15		Collectif [*La communication responsable*]	2009
2010		Norme ISO 26000			
	2012	**Rio** +20 / ODD (Objectifs de développement durable)			
	2015	**Paris** COP 21	**RGPD**		2018
			Loi PACTE dont entreprises à mission, raison d'être	États généraux de la communication (AACC)	2019
2020				Thierry Libaert [*Des vents porteurs*] ADEME [*Le guide de la communication responsable*]	2020
	2021		**Loi Climat & Résilience**		

2. Une littérature professionnelle en avance sur son temps

Remontons le temps et examinons en priorité la chronologie de notre secteur. En parallèle des sommets internationaux, des transformations législatives, comment la communication et le marketing ont évolué sur le front de leur responsabilité ?

Le premier livre francophone à avoir eu un rayonnement dans le monde des praticiens est certainement *La communication verte* de Thierry Libaert publié en 1992, aujourd'hui non réédité mais disponible en téléchargement gratuit[4]. Il ne mentionnait pas encore la notion de développement durable ou de *greenwashing,* comme le mentionne lui-même Thierry Libaert dans une relecture récente de son livre, mais était centré sur la question environnementale et l'effet de serre. Thierry Libaert apportera un nouvel opus à ce sujet en 2020 avec *Des vents porteurs*[5].

Puis, en 1994, paraît le premier *Communicator*[6] aux éditions Dunod. Il deviendra vite, ainsi que toutes ses éditions suivantes, l'outil de référence du communicant, le livre qui nous accompagne durant notre formation et tout au long de notre carrière. Marie-Hélène Westphalen, elle aussi pionnière, écrivait ainsi dans les toutes premières phrases de la première édition :

> *« Système désormais ouvert sur l'extérieur, l'entreprise ne se définit plus seulement par sa production, mais aussi par sa personnalité sociale, par sa place dans la cité. Bon gré, mal gré, elle doit répondre aux attentes de publics hier encore sous-estimés. Consommateurs, prescripteurs, actionnaires, journalistes, étudiants, pouvoirs publics, leaders d'opinion… ont affirmé le droit de savoir et de comprendre. L'entreprise n'a plus le choix : elle doit s'affirmer, parler, dialoguer. En un mot, communiquer. Plus efficace sera sa politique de communication, plus forte sera son image.*

4. Libaert T., *La communication verte. L'écologie au service de l'entreprise*, Éditions Liaisons, 1992. Disponible en ligne : *tlibaert.info*
5. Libaert T., *Des vents porteurs. Comment mobiliser (enfin) pour la planète*, Le Pommier, 2020.
6. Adary A., Mas C. et Westphalen M.-H., *Communicator*, 9e éd., Dunod, 2020.

Et plus faciles deviendront les différents actes de sa vie économique : du recrutement à la vente, en passant par la gestion du personnel, les relations avec les fournisseurs, les activités financières. »

Ces deux initiatives sont directement liées à la forte médiatisation du Sommet de la Terre de Rio de Janeiro en 1992 qui a marqué les opinions à l'échelle internationale. Mais la communication responsable d'aujourd'hui est aussi le fruit d'une succession de régulations par le législateur qui, rétrospectivement, apparaissent comme des punitions aux mauvais élèves que nous sommes.

En matière de littérature professionnelle, il faudra ensuite attendre 2010 et le livre du collectif AdWiser, *La communication responsable*[7], pour se voir proposer deux définitions de la « communication responsable ». Celle du collectif :

« Une communication qui évalue les conséquences environnementales, sociales et sociétales des moyens qu'elle met en œuvre et des messages qu'elle élabore et qui les pilote de façon responsable. Elle privilégie les moyens éco-conçus et n'utilise les arguments écologiques que lorsque cela se justifie. Elle refuse la promotion de comportements qui impacteront négativement la qualité de notre environnement et de nos relations sociales, pour au contraire participer à l'évolution positive des modes de pensée et de vie de notre société. »

L'autre, par le président de Sidièse[8], également membre du collectif AdWiser[9], Gildas Bonnel :

---

7. Audoin A., Courtois A. et Rambaud-Paquin A., *La communication responsable. Intégrer le développement durable dans les métiers de la communication*, 2e éd., Éditions d'Organisation, 2010.

8. Agence de conseil en communication responsable et stratégie RSE.

9. AdWiser est un collectif informel qui réunit des personnes physiques à titre individuel pour leurs expertises et savoir-faire en communication et/ou développement durable. L'objectif est de contribuer à l'avancée du développement durable dans le secteur de la communication.

« La communication responsable est celle qui met l'humain au cœur de la préoccupation de l'image, l'humain quel qu'il soit : le concepteur interpellé dans sa responsabilité du message, l'émetteur dans les moyens qu'il met en œuvre et le récepteur considéré dans l'ensemble de sa sensibilité de consommateur, de parent, d'élu, de citoyen. »

L'ouvrage cite ainsi une étude de 2008 réalisée par l'Université de la Terre qui fait apparaître les motivations des entreprises (hors l'opportunité de réduire les coûts de production et de matières premières), alors très défensives et apparaissant aujourd'hui comme très superficielles :

- préservation et amélioration de l'image de l'entreprise (62 %) ;
- évolution du cadre réglementaire, plus contraignant ou à l'inverse incitatif (62 %) ;
- conviction personnelle et implication forte du chef d'entreprise (59 %) ;
- demande des clients (55 %) ;
- pression concurrentielle et évolution des nouvelles offres (44 %).

Les résultats donnent à voir des entreprises qui n'ont pas encore réellement pris en compte les enjeux sociaux et de développement durable. Il est notamment intéressant de constater que 62 % des entreprises semblaient craindre le durcissement du cadre réglementaire d'après cette étude[10]. En effet, la régulation est toujours le signe d'une incapacité d'un secteur à prendre conscience de ses responsabilités et à proposer une solution déontologique, collective, suffisamment crédible. Alors le mauvais élève est sanctionné et son marché est raboté. Le législateur, souvent contraint par l'opinion, limite sa *licence to operate*, il lui interdit des secteurs (loi Veil), voire certaines méthodes (loi Sapin), etc.

10. AUDOIN A., COURTOIS A. et RAMBAUD-PAQUIN A., *op.cit.*, 2010.

Tribune

Gildas Bonnel | Président de l'agence Sidièse

La fin des *goodwashers* ?

Après avoir proposé une des premières définitions de la communication responsable au sein du collectif AdWiser en 2010 et observé depuis onze ans ses évolutions, réjouissons-nous ! La communication a intégré le sujet de la responsabilité sociale et environnementale. Les communicants sont de moins en moins nombreux à regarder ailleurs et seuls quelques derniers mohicans, revendiquant une vieille culture anarco-libérale, perpétuent des réflexes de déni et de provocation. On revient de loin.

Notre secteur a mis du temps à se sentir concerné. Sans doute avions-nous besoin que les jeunes générations nous bousculent, que les consommateurs fassent de la résistance et que les ONG haussent le ton. Mais quelle mise en abîme…

Car les effets désormais perceptibles du dérèglement climatique sonnent la fin de la récréation et les Français déclarent leur envie de changer de mode de consommation. L'heure n'est plus vraiment au plaisir hédoniste de consommer et de nouvelles utopies s'installent dans la société[11]. On cherche du sens et on attend des marques et des entreprises qu'elles proposent des produits plus vertueux, plus solidaires, plus écologiques. Mais gare aux réflexes publicitaires. Tout n'est pas « *good* » ! En usant des vieilles ficelles éculées du marketing, les communicants risquent de se tirer une balle dans le pied. Un savon ne sauvera ni la planète ni les ours blancs ! Les gens sont intelligents.

Le défi est immense. Il va falloir sortir de l'emphase et des effets de manche, arrêter de vendre du rêve et raconter clairement les changements à vivre, les choix à faire, le vrai plaisir de se sentir concerné et engagé. C'est un chantier culturel majeur. À nous de l'embrasser.

11. L'ObSoCo, « Les nouvelles #utopies françaises : résultats de l'Observatoire des perspectives utopiques », *presse.ademe.fr*, 14 octobre 2019.

La communication responsable doit être voulue, choisie. Voulue, tout simplement parce qu'elle est bonne et meilleure pour nous et le monde. Choisie parce qu'elle sera meilleure pour le business. Si non, elle sera imposée, loi après loi, et ne sera que contrainte.

3. Les lois, normes et textes fondateurs

La loi Veil

La loi Veil du 9 juillet 1976 constitue le premier dispositif législatif relatif à la lutte contre le tabagisme en France. Ce dispositif a interdit pour la première fois toute propagande ou publicité, directe ou indirecte, en faveur du tabac, et a imposé l'inscription de la mention « Abus dangereux » sur les paquets de cigarettes. Cette loi a permis de stabiliser la consommation de tabac, jusque-là en augmentation.

Et notre secteur venant expliquer en chœur les grands mérites du tabac : « *Madame Veil pollue le rêve des fumeurs* », comme l'écrivait Jacques Séguéla dans une tribune dans le journal professionnel *Stratégies* en 1979 : tout un programme. Extraits choisis[12] :

> *« C'est ma grande théorie de croire que la publicité est fondamentale dans notre économie de consommation. Si on tue la publicité, on tue la consommation. »*
> *« Les écologistes sont de parfaits rêveurs. On ne dépolluera pas le monde mais peu importe que le monde soit pollué – ce qui est le plus grave, c'est de polluer le rêve et Mme Veil est en train de polluer le rêve des fumeurs, parce qu'elle les culpabilise. Qu'elle les mette face à leurs responsabilités, qu'elle exige sur chaque annonce de cigarette, en aussi gras que le titre un "attention danger", mais qu'elle nous laisse nous prendre pour des John Wayne. »*

12. « Jacques Séguéla : "Mme Veil pollue le rêve des fumeurs" », Flashback : les années 70, *Stratégies*, n° 2070, 4 février 2021.

> *« Si on limite l'expression publicitaire, si on lui rogne les ailes, si on lui enlève le talent, la poésie, on va la transformer en propagande : on est en train de nous transformer en autant de Goebbels – c'est l'État qui nous transforme en Goebbels. »*
> *« On fait de nous des SS. Quand on nous condamne, comme c'est le cas pour la publicité pharmaceutique, ou en faveur du tabac, à assassiner le rêve et à passer à la chambre à gaz le talent des créatifs, pour devenir de stricts informateurs, sans intérêt, on nous transforme en matraqueurs, en conditionneurs, alors que jusqu'à présent nous étions des faiseurs de rêve, des saltimbanques. »*

Rétrospectivement, ce type de prises de parole, jugée par l'Histoire, apporte de l'eau au moulin des opinions négatives sur nos métiers.

La loi Évin

En 1991, la loi Évin contre le tabagisme et l'alcoolisme renforce considérablement la loi Veil de 1976 par l'interdiction de fumer dans les lieux collectifs, la hausse des prix du tabac, l'interdiction de vente aux moins de 18 ans, l'avertissement « Fumer nuit à votre entourage » sur les paquets de cigarettes... Cette loi provoque une baisse de la consommation de tabac de 11 % entre 1991 et 1997.

Quelques mois après sa promulgation, le lancement d'une campagne par le Comité français d'éducation pour la santé (CFES) démythifie le fumeur : l'emblématique cow-boy de Marlboro est devenu non-fumeur. La campagne s'appuie sur plus de 390 000 affiches et un spot diffusé au cinéma et sur les six chaînes de télévision. Bien sûr, son impact se fait ressentir immédiatement par un manque à gagner sur des budgets immenses de l'industrie du tabac et de l'alcool. Il faudra quelques années au secteur pour trouver des parades légales et s'en remettre. Il impacte également le domaine du sport, souvent sponsorisé par le passé par des cigarettiers : le Raid Gauloises est ainsi devenu le Raid World Championship, tandis que le Camel Trophy était remplacé par le Land Rover G4 Challenge avant de disparaître.

Évidemment, une question doit être posée : pourquoi ne pas rendre illégaux les produits de ces secteurs plutôt que de contraindre uniquement la communication sur ces produits ? S'il est nocif de communiquer sur le tabac, c'est que le tabac est nocif pour la santé. La communication et le marketing seront-ils les victimes faciles, expiatoires, pour l'ensemble des secteurs ?

La loi Sapin

En 1993, c'est tout le secteur de la publicité qui est montré du doigt du fait de ses pratiques d'achat d'espaces publicitaires entachés de corruption et qui est accusé de comportements anticoncurrentiels. La loi Sapin instaure dès lors les premières grandes régulations de la publicité. Elle impose un principe de transparence des prix des espaces publicitaires pour lesquelles les conditions tarifaires doivent être publiques et la facture d'achat envoyée à l'annonceur, même si le règlement se fait par l'agence média en charge des achats d'espaces.

Probablement le symbole même d'une régulation « punition », la loi Sapin est venue dire à tout un secteur (publicitaire) « tu n'as plus le droit de faire ce que tu fais, ce n'est pas responsable, pas éthique... et dès aujourd'hui plus légal ». En 1994, la centrale d'achats Carat se voit ainsi infliger la plus lourde sanction avec une amende de 35 millions (de francs) pour « *avoir abusé de l'état de dépendance économique dans lequel elle a placé les supports* ».

Les dispositions de la loi Sapin contre la corruption et pour la transparence dans la publicité seront étendues à la publicité numérique par la loi Macron promulguée en août 2015.

L'ISO 26000

L'ISO 26000[13], en 2010, constitue certainement un tournant (*cf.* chapitre 2) car elle offre un cadre actionnable à toutes les bonnes volontés, à tous les secteurs économiques volontaires à se transformer.

13. Adary A. et Lecomte S., *L'ISO 26000 en pratique*, Dunod, 2012.

Elle s'applique aussi bien aux petites structures (les agences) qu'aux annonceurs du CAC 40, aux institutions publiques ou aux collectivités territoriales. Bref, il y a un avant et un après la norme ISO 26000. La majorité des initiatives qui verront le jour en matière de RSE, y compris dans le secteur de la communication et du marketing, auront pour fondation l'ISO 26000.

Les Objectifs de développement durable (ODD)

En 2012, le concept des Objectifs de développement durable (ODD) voit le jour lors de la « Conférence des Nations unies sur le développement durable » de Rio, aussi appelée Rio+20. Finalement, il en résulte un document de synthèse des engagements intitulé « L'avenir que nous voulons » reprenant un certain nombre d'engagements de sommets précédents et quelques avancées. Il renforce notamment le Programme des Nations unies pour l'environnement (PNUE), entame un processus sur la soutenabilité des entreprises et propose une définition de l'économie verte comme un moyen de « *contribuer à combler les différences technologiques entre pays développés et en développement* ». *In fine*, ce sont encore des engagements volontaires, sans réelle contrainte ni rupture avec le modèle actuel, que dénoncent les organisations de la société civile. L'Union européenne souligne également le manque d'ambition sur les ODD et la gouvernance.

Les ODD sont très présents dans les stratégies RSE des entreprises qui en font souvent la colonne vertébrale de leurs ambitions mais n'ont qu'une lointaine relation avec les enjeux de communication responsable. En revanche, ils sont davantage connectables avec le marketing responsable qui doit s'engager à concevoir des offres, des services, des produits qui répondent à certaines ODD selon le secteur de l'entreprise.

La loi PACTE

Enfin, plus récemment en France, est votée en mai 2019 la loi PACTE (Plan d'action pour la croissance et la transformation des entreprises). Il y aura là aussi certainement un avant et un après loi PACTE.

Le rapport rédigé par Nicole Notat et Jean-Dominique Sénard en 2018 initie l'émergence du concept de « raison d'être » d'une entreprise. Il vient rappeler que cette raison d'être n'est pas « *réductible au fait de réaliser des profits* » et que l'entreprise contribue à un « intérêt collectif », du moins auprès de l'ensemble des parties prenantes susceptibles d'être touchées par son activité. Le rapport va même jusqu'à préconiser de réécrire l'article 1833 du Code civil (qui n'avait pas bougé depuis 1804 !), en stipulant que l'entreprise doit être gérée « *en prenant en considération les enjeux sociaux et environnementaux de son activité* ». La loi PACTE suit ainsi ces deux recommandations et finit de propulser la « raison d'être » sur le devant de la scène.

Concrètement, la loi PACTE vient compléter le fameux article 1833 pour offrir la possibilité aux entreprises volontaires de se doter d'une raison d'être : « *La société est gérée dans son intérêt social, en prenant en considération les enjeux sociaux et environnementaux de son activité.* » L'article 1835 est lui aussi complété : « *Les statuts peuvent préciser une raison d'être, constituée des principes dont la société se dote et pour le respect desquels elle entend affecter des moyens dans la réalisation de son activité.* » La RSE n'est donc plus en périphérie de l'entreprise mais au cœur du business et de sa gouvernance.

Plus encore, la raison d'être d'une société ne doit pas être confondue avec son objet social ni avec l'intérêt social. Il s'agit en fait de la finalité de l'entreprise, de sa contribution à la société et plus globalement à la planète. C'est en tout cas un préalable indispensable à l'obtention du statut d'entreprise à mission : une labellisation de sociétés qui respectent les deux premières mesures – intérêt social et prise en considération des enjeux sociaux et environnementaux – et qui se sont dotées d'une raison d'être. Une fois cette labellisation obtenue, la société peut afficher cette qualité aux yeux des tiers (ex. : sur son Kbis, son site Internet, ses papiers d'en-tête).

On voit que la raison d'être dépasse largement le périmètre de la communication. Mais c'est aux communicants que revient la double et délicate mission de co-construire la raison d'être et de créer l'adhésion autour d'elle. Pour définir cette raison d'être, le rapport Notat/Sénard préconise de « *ramasser en une formule ce qui donne du sens* ». Plus facile à dire qu'à faire ! Établis par l'Observatoire Wellcom du sens®, les trois « *fondamentaux du sens* » – à savoir la signification (l'histoire, l'identité, les métiers), l'inspiration (la vision du futur) et la relation (quelle proximité avec ses publics) – peuvent servir de point de départ à la réflexion. Sachant que, quels que soient le sens et la raison d'être, ils ne sauraient être imposés par le haut. Car comme le précise encore le rapport Notat/Sénard, la raison d'être doit être le fruit d'une « *volonté réelle et partagée* ». Sans cela, elle risque fort de manquer d'authenticité et, pour finir, d'être taxée d'opportunisme ou de *purpose bashing*.

Le rôle des communicants est donc, avec le soutien de la direction, de mettre en place une démarche participative pour réfléchir au « sens » et à la mission de l'entreprise, en lien avec son histoire et ses métiers et, bien sûr, avec les nouvelles attentes des parties prenantes. Une raison d'être n'a réellement de sens que si elle parvient à engager toutes les parties prenantes. C'est ainsi le communicant qui, au quotidien, veille à ce que l'ensemble des messages soient en phase avec la raison d'être de l'entreprise, sur tous les canaux. C'est aussi à lui que revient la mission essentielle de construction du récit, prérequis indispensable de la marque « engagée ». Nul doute que le *storytelling* de la raison d'être devra s'attacher à fournir ses éléments de preuve.

La loi Climat et Résilience

Plus récemment encore a été promulguée la loi Pompili, ou plus exactement la loi Climat et Résilience, issue de la Conférence citoyenne et des composantes qui impactent la communication (surtout la publicité) issues du rapport[14] de la mission sur la publicité et la transition écologique confiée par les ministres Élisabeth Borne et Brune Poirson

14. Rapport remis aux ministres le 11 juin 2020.

à Géraud Guibert[15] et Thierry Libaert[16], et pour lequel j'ai eu l'opportunité d'être auditionné.

Ce « Rapport publicité et transition écologique » ne doit pas être considéré et lu seulement comme un intrant au texte de loi, il doit avoir une vie propre au-delà de la loi et certaines de ses 23 propositions doivent irriguer nos réflexions et débats encore quelques années. Certes, il est orienté (et c'était la demande) « secteur de la publicité », mais certains contenus pourraient s'appliquer à d'autres dimensions de la communication et du marketing. Après un constat sans appel – le secteur de la publicité « *a peu pris en compte le climat et la biodiversité* » – les recommandations des deux auteurs sont équilibrées et mesurées. Leur rapport n'écarte pas certaines mesures d'interdiction, mais celles-ci doivent être « *programmées dans le temps en permettant à la publicité d'évoluer* ». Enfin, les auteurs évoquent une évolution du système d'autorégulation du secteur en demandant à l'Autorité de régulation professionnelle de la publicité (ARPP) de mettre en place un volet climat dans ses recommandations « développement durable » et d'intégrer des associations de consommateurs et de défense de l'environnement dans leur gouvernance.

La loi Climat et Résilience fut ainsi promulguée au cœur de l'été 2021 avec cinq ou six mois d'avance sur le calendrier prévu, signe de l'importance de son contenu et d'un certain consensus sur le sujet, même s'il aura fallu une réunion marathon de plus de neuf heures pour permettre aux députés et sénateurs de se mettre d'accord. Finalement, le texte compte plus de 300 articles contenant de nombreux engagements – extension des zones à faibles émissions (ZFE), menus végétariens, développement de l'hydroélectricité, soutien à la production de biogaz, interdiction d'utilisation d'engrais azotés dans les zones non agricoles, etc. – mais aussi des éléments

15. Conseiller maître à la Cour des comptes et président de La Fabrique Écologique.

16. Professeur des universités, membre du Comité économique et social européen, président de l'Académie des Controverses et de la Communication Sensible, membre du Conseil de l'Éthique Publicitaire et du Comité d'honneur de l'Institut National de l'Économie Circulaire.

de régulation du secteur de la publicité avec la décision d'interdire la publicité en faveur de la vente ou faisant la promotion d'achat de voitures polluantes (qui émettent plus de 123 grammes de dioxyde de carbone par kilomètre), ou l'interdiction à compter de 2022 de publicités lors de liaisons aériennes domestiques substituables par un trajet en train d'une durée inférieure à 2 h 30. Seule interdiction de « type » de publicité : celle pour les énergies fossiles et (une mesure de bon sens) la proscription de la publicité par avion sur les plages ou lumineuse durant la nuit.

La présidente LR de la Commission des Affaires économiques, Sophie Primas, a alors fustigé « *un débat un peu surréaliste* ». « *On donne à la publicité un poids et une intention qu'elle n'a pas. [...] Je préfère informer, éduquer, que de donner des coups de pied dans l'eau comme on est en train de le faire* », a-t-elle jugé. Toujours en filigrane donc, la question de la puissance réelle, fantasmée, jalousée ou incomprise de nos métiers. Faut-il interdire la publicité ou l'objet, le service, le produit qu'elle promeut ?

Le secteur évoquait avant la promulgation de la loi un risque de pertes de 10 à 20 % de chiffre d'affaires pour le marché publicitaire en interdisant son accès à une large partie des annonceurs habituels de l'automobile ou de l'aérien par exemple. La levée de boucliers des professionnels de la publicité a été immédiate. L'avenir nous dira si le secteur, dans une démarche concertée annonceurs/agences, a pu trouver un chemin pour transformer ce risque en opportunité et offrir une croissance du marché fondée sur un autre modèle de consommation. Si le marketing peut concevoir de nouvelles offres, produits, services plus éthiques, moins consommateurs de ressources, ne faut-il pas alors un secteur communication fort, puissant, créatif, efficace pour faire connaître, comprendre, adhérer et inciter les citoyens-consommateurs à ces nouveaux usages ? Ou imagine-t-on une main invisible qui, par un tour de magie, retournerait chaque consommateur ?

Tribune

Thierry Libaert | Conseiller au Comité économique et social européen, et membre du Conseil de l'Éthique Publicitaire

Une communication responsable sans frontières

La communication responsable ne connaît pas de frontières.

Il est rare qu'un dispositif de communication puisse se réduire à un territoire clairement délimité. Pour les grandes organisations, l'enjeu est souvent international et *a minima* européen. En conséquence, les communicants français auraient tort de se focaliser sur nos règles nationales, nos principes déontologiques, nos débats souvent passionnés. Ils doivent s'intéresser davantage à la dimension européenne.

Pour avoir été au début des années 2010 l'initiateur de la lutte européenne contre l'obsolescence programmée et le rédacteur du premier texte européen officiel sur le sujet, j'ai pu mesurer à quel point l'Union européenne pouvait faire preuve d'inertie mais, dès lors que la machine était lancée, elle se montrait toujours rapide et performante. Ainsi, le fait que la Commission européenne intègre désormais les enjeux du marketing et de la publicité dans son approche de l'économie circulaire (« Paquet économie circulaire », 11 mars 2020) est un signal fort pour la fonction communication.

Le Parlement européen a voté le 3 novembre 2020 une résolution, « Vers un marché unique plus durable pour les entreprises et les consommateurs », qui comprend une partie spécifique, « Un marketing et une publicité responsable », pointant l'incidence de la publicité sur les pratiques de consommation et soulignant l'importance d'une publicité davantage en phase avec les préoccupations environnementales.

Le Comité économique et social européen, organe consultatif auprès des institutions européennes, souvent avant-gardiste dans le choix de ses travaux, a voté le 18 septembre 2020 un avis, « Vers une stratégie de l'Union européenne pour une consommation durable », qui dénonce le rôle joué par la publicité et le marketing dans la forte orientation consumériste au détriment de la durabilité des produits[17].

Plus récemment, un avis d'initiative a été lancé sur le sujet, « Une publicité pour une consommation moderne et responsable », qui s'interroge sur les liens entre une communication d'incitation permanente à consommer et les impératifs de lutte contre le dérèglement climatique. Pour la première fois en Europe, le 21 juin 2021, une grande audition publique a permis aux publicitaires, aux agences de régulation, aux associations de consommateurs, aux plateformes numériques, aux anti-publicitaires de faire valoir leurs arguments.

La dynamique européenne pour une communication plus responsable est lancée, autant s'y raccrocher rapidement.

Les secteurs de la communication et du marketing sont-ils ainsi dans le box des accusés ? Si l'on peut reconnaître sans peine qu'ils sont une partie du problème, il faut aussi affirmer qu'ils seront une partie de la solution.

17. Comité économique et social européen, « La publicité au service d'une consommation moderne et responsable (avis d'initiative) », rapporteur Thierry Libaert, INT/948-EESC-2021, *eesc.europa.eu*

Chapitre 2
La bascule de la norme ISO 26000

Le 1er novembre 2010, la norme ISO 26000 est publiée. Elle vient proposer des lignes directrices robustes, claires, intelligentes et surtout complètes au développement durable qui n'était jusqu'alors que partiellement traité. La norme ISO 26000 vient ainsi donner un cadre méthodologique à cette phrase de Jean Mersch, fondateur du Centre des jeunes dirigeants d'entreprise, pourtant prononcée il y a près de 80 ans et qui reste plus que jamais d'actualité : « *La production ne tire sa valeur que du bien-être qu'elle apporte à la société.* »
L'histoire des entreprises et de la société n'a jamais été simple. Du jour où l'humain a dû remettre dans les mains d'autrui la production de biens nécessaires à sa survie et que la réponse à ses besoins vitaux a généré des profits, la méfiance s'est installée. On en trouve des occurrences dès la fin du XIXe siècle, qui voit naître les premières ligues de consommateurs en Angleterre, aux États-Unis et en France notamment. Avec l'industrialisation de la production, la mondialisation des échanges est victime de plusieurs grandes crises sociales, sanitaires et environnementales, la société se montre de plus en plus méfiante à l'égard des entreprises, qui ont pourtant contribué à son développement et dont elle dépend par ailleurs à bien des égards (emplois, nourriture, énergie, logements, transports, etc.). Le consommateur, quant à lui, représente la finalité et l'achèvement de la chaîne de production. Devenu depuis quelque temps « consommateur-citoyen », il exerce un pouvoir sur l'entreprise, et son adhésion aux valeurs et au comportement de celle-ci constitue la condition *sine qua non* de sa pérennité. Nous sommes donc dans une tension permanente entre deux entités interdépendantes, dont la cohabitation est encadrée par nombre de lois, décrets, organismes de contrôle et normes, qui n'ont cessé de croître au fil des années.

1. Les sept questions centrales de l'ISO 26000

La norme ISO 26000, signée par 99 pays, est une forme d'aboutissement de cette défiance mutuelle, mais aussi une ouverture vers une relation plus sereine et intégrée entre les entreprises et la société. Elle ne révolutionne pas la RSE, mais donne un cadre global, horizontal, à des initiatives diverses et peu comparables. Si elle n'est pas certifiable à date, elle doit être évaluée et constitue un cahier des charges *a minima* vis-à-vis des comportements et engagements que les parties prenantes sont en droit d'attendre des entreprises. Entre méfiance et désir de rapprochement, la norme ISO 26000 exige des preuves et de la rigueur dans le domaine de la RSE, mais elle est aussi une invitation à mieux vivre ensemble et à inventer une nouvelle relation pour les entreprises dans la société.

Concrètement, la norme ISO 26000 est la source dans laquelle les métiers de la communication et du marketing viennent s'abreuver pour construire leurs référentiels métiers. Comprendre la structure de la norme est donc crucial, car elle irrigue l'ensemble des travaux contemporains sur le sujet, reposant sur sept questions et non sept « lois ». La nuance est importante car elle dit l'esprit de la norme : éveiller, faire progresser, sans imposer une vérité universelle. Les questions sont nommées « questions centrales » et permettent à l'entreprise, publique, privée ou institutionnelle, au-delà de la définition de sa responsabilité globale au regard des besoins et attentes de la société, de se poser des questions pragmatiques vis-à-vis de la conduite de ses activités. L'objectif : identifier les potentiels impacts relatifs aux domaines concernés pour leur apporter des mesures correctives.

1. **Droits de l'homme** : s'appuyer sur la Déclaration universelle des droits de l'homme de 1948, préambule de notre Constitution. Cette question est centrale pour la France et toutes ses organisations (entreprises, associations).

2. **Relations et conditions de travail** : respecter le capital humain – facteur de performance à travers l'emploi – les relations et conditions de travail, le dialogue social, la santé et la sécurité, la formation continue.
3. **Environnement** : se préoccuper de la protection de l'environnement, s'adapter aux changements climatiques, se soucier de l'utilisation durable des ressources, de la prévention de la pollution.
4. **Loyauté des pratiques** : lutter contre la corruption, la concurrence déloyale, les conflits d'intérêts, la responsabilité sociétale dans la chaîne de valeur.
5. **Consommateurs** : respecter le droit des consommateurs en protégeant leur santé, leur sécurité, leurs données et leur vie privée, s'assurer d'une commercialisation loyale, prôner une consommation durable.
6. **Communautés locales** : pour les grandes entreprises, prouver leur engagement par des fondations, des mécénats... Pour les autres entreprises, agir en acteur de la vie locale à travers des participations concrètes dans des associations culturelles, sportives, caritatives, aider à la formation...
7. **Gouvernance** : prendre des décisions et les appliquer en vue d'atteindre des objectifs. Clé de voûte du système de management, la gouvernance est la question centrale à laquelle doivent se rattacher toutes les autres.

S'ils doivent tous être traités et faire l'objet d'un plan d'action et d'un reporting, certains de ces domaines revêtent une importance particulière au regard de la responsabilité globale de l'entreprise et de ses activités. Le traitement des questions centrales doit ainsi être priorisé en fonction de la pertinence des questions posées et faire l'objet d'une mise en œuvre différenciée dans le temps et les moyens.

Chacune de ces questions centrales est ensuite décomposée en domaines d'action qui précisent les lignes directrices que les organisations sont invitées à suivre. Par ailleurs, la norme insiste sur la dimension holistique de la démarche de responsabilité sociétale comme un tout : l'entreprise peut être débutante (disons-le « mauvaise ») sur une de ces questions, ce n'est pas grave ; en revanche, elle doit toutes les aborder frontalement et concomitamment.

La norme couvre donc tous les champs et se présente comme une plateforme ouverte à destination de tous les secteurs et métiers. Elle nous dit : « emparez-vous de moi, de ma logique, de mon système, pour fabriquer vos applications métiers ! ». Et quel métier s'est engagé le premier pour créer sa déclinaison singulière ? La communication.

Les sept questions centrales de l'ISO 26000,
une approche holistique de la responsabilité

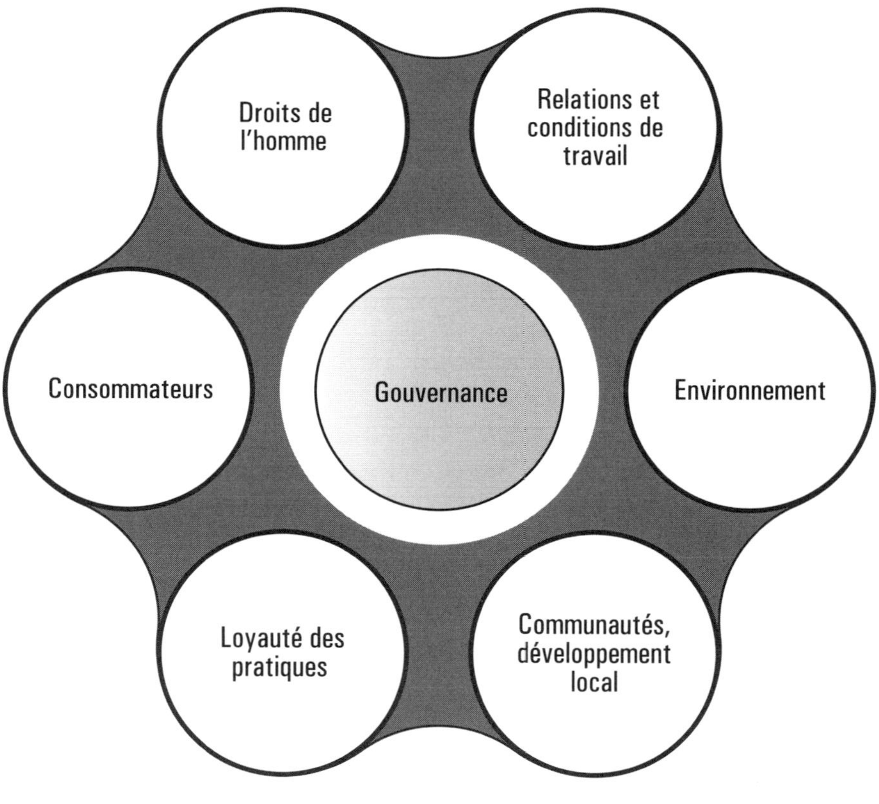

2. Les pionniers

Certains seront surpris que le secteur qui a le premier perçu l'intérêt de s'engager dans une démarche de révolution RSE de ses pratiques soit la communication. Certes, à l'époque, il ne s'agissait que d'une petite tribu de convaincus qui se réunissaient dans les séminaires de l'ACIDD[1]. Nous y refaisions le monde de la communication joyeusement mais avec sérieux. Cependant, l'ACIDD, *via* le travail d'Alain Chauveau, a présenté à l'Université d'été de la communication pour le développement durable de 2012, à Bordeaux, le premier « Observatoire de la communication et du marketing responsable ».

Tribune

Agnès Rambaud-Paquin et Hugues Carlier[2] | Vice-présidente executive et directeur général du cabinet Des Enjeux et des Hommes

Les communicants acteurs clés du changement de paradigme… mais pas encore au rendez-vous !

En juin 2007, l'intervention d'Al Gore[3] aux Lions de Cannes, devant un parterre de 2 500 publicitaires, était un signal fort. Face à l'exceptionnelle manifestation d'intérêt provoquée par sa venue, les organisateurs avaient dû déplacer sa conférence dans le grand auditorium et le *New York Times* se satisfaisait de voir *« comment la publicité "verte" galvanisait la communauté du marketing »*.

C'était l'époque de la création d'une commission RSE à l'AACC (Association des Agences-Conseils en Communication), du lancement d'AdWiser (collectif d'acteurs

1. L'ACIDD (Association communication et innovation pour le développement durable), association loi 1901, a été créée en mai 2000 à l'initiative de Gilles Berhault. Au passage du millénaire, elle a pour but de faire converger les enjeux du développement durable, de préservation de la planète, avec les questions du numérique et de la communication.
2. Des Enjeux et des Hommes est un cabinet de conseil en RSE qu'ils ont fondé en 2003, impliqués avec leur équipe sur l'accompagnement des agences et des équipes de communication des entreprises depuis près de 15 ans : membres de la commission RSE de l'AACC, participation aux travaux de Com-Ent, de l'UDM, accompagnement de l'ADC (agences de design), etc.

engagés pour une communication responsable), de la publication des premières recommandations de l'ARPP (Autorité de régulation professionnelle de la publicité), du guide « Éco-communication » de l'Ademe, d'un livre aux éditions Eyrolles[4], du déploiement des premières formations dans les grandes agences (dont celle pilotée par Olivia Grégoire, notre actuelle secrétaire d'État chargée de l'Économie sociale, solidaire et responsable, alors responsable RSE du groupe DDB*)*. Nous avons tous cru que les communicants allaient s'emparer du sujet et faire évoluer leurs pratiques voire, comme Al Gore l'appelait de ses vœux après avoir fait partie du problème (incité à une consommation débridée), feraient partie de la solution (utiliseraient leur talent pour donner à voir et à pratiquer un mode de vie plus respectueux des limites planétaires).

Et puis… le soufflé est retombé. Crise de 2008 ? Classique résistance au changement ? Perception (incorrecte…) d'incompatibilité entre créativité et responsabilité ? Absence de vision des dirigeants ?

Qu'en est-il aujourd'hui ? Il suffit de regarder dix minutes de spots publicitaires aux heures de grande écoute ou de *benchmarker* les formulations de raison d'être pour constater que le *green/purpose washing* reste vivace. Ces pratiques creusent à court terme le déficit de confiance des consommateurs envers les entreprises, notamment les grandes (mesurées chaque année par l'étude d'Edelman) et ont des effets dramatiques à long terme.

- Côté agence, certains *pure players* RSE ont vu le jour, le label « RSE Agences actives » a été déployé dans 32 agences à date, le secteur de l'événementiel a continué d'avancer grâce aux outils créés il y a plus de dix ans (norme ISO 20121, autodiagnostic ADERE, etc.), mais il faut reconnaître que les instances professionnelles sectorielles (ainsi que les écoles de communication, d'ailleurs) n'ont pas réussi à rendre *mainstream* les bonnes pratiques de communication responsable.
- Côté entreprise, c'est encore moins brillant. Certes, l'UDA devenue l'UDM (Union des Marques) a lancé son programme « FAIRe »

3. Al Gore est le cofondateur de Generation Investment Management LPP, fonds d'investissement dans l'économie durable.

4. Audoin A., Courtois A. et Rambaud-Paquin A., *La communication responsable*, Eyrolles, 2010.

et certaines entreprises ont engagé des actions de sensibilisation de leurs directions de la communication, mais la majorité des équipes n'a aucun repère sur la communication responsable, aucune pratique d'éco-conception des supports de communication (digitaux ou non) et ouvre des yeux ronds quand on parle de responsabilité des messages ou de co-réflexion avec les parties prenantes.

Le baromètre que nous publions chaque année avec le cabinet d'études Occurrence auprès de 1 000 salariés d'entreprises privées démontre par ailleurs que :
– 75 % des salariés perçoivent les enjeux d'un engagement de leur entreprise dans la RSE, mais seuls 15 % pensent que la RSE a transformé leur entreprise en profondeur ;
– 85 % voudraient être sensibilisés à ce que recouvre concrètement la RSE et suivre une véritable formation métier sur le sujet.

Face aux enjeux dont la gravité et l'imminence s'accélèrent, et dans un contexte de crise sanitaire qui a exacerbé le besoin des consommateurs d'être alignés avec leurs actes d'achat, il est temps que les professionnels de la communication fassent évoluer leurs repères, soient formés – dès leurs études et en cours de parcours – et puissent apporter leur contribution majeure à la nécessaire transformation de notre société.

Rapidement, et pour donner un cadre aux réflexions et transformer les idées en pratique, plusieurs associations professionnelles s'emparent de la norme ISO 26000 et s'engagent vite et efficacement. L'association qui s'engagera le plus, qu'elle soit ici remerciée, est l'APACOM[5]. Son guide de 95 pages, édité avec l'AFNOR[6], rassemble l'ensemble des éléments essentiels qui peuvent encore aujourd'hui constituer, pour tous les praticiens, un référentiel parfaitement opérant. C'est ainsi que naît la même année que l'apparition de la norme,

5. L'APACOM (Association des professionnels de la communication en Nouvelle-Aquitaine) est une association à but non lucratif qui relève de la loi du 1er juillet 1901.
6. Leader de la certification et de l'évaluation en France.

en 2010, le « Guide d'évaluation AFAQ 26000 à l'usage des métiers de la communication[7] », très précisément le « Guide FD X 30-028 ».

Évidemment, certains sujets comme les réseaux sociaux n'y sont pas traités, mais l'utilité de ce document est de proposer un cheminement intellectuel, de permettre à son lecteur de se poser les bonnes questions qu'il pourra par la suite apposer sur tous les champs de la communication d'aujourd'hui ou de demain. Ainsi, ce guide reprend, à travers des fiches, des éléments de l'AFAQ 26000, des points à traiter ou à évaluer, des exemples de bonnes pratiques dont les entreprises pourraient s'inspirer, avec un volet « Pratiques » et un volet « Résultats ». Pour prendre un exemple concret sur la question centrale « Loyauté des pratiques », le guide propose singulièrement pour les métiers de la communication d'intégrer des points de vigilance sur les critères suivants :

- connaître et s'inspirer des codes et engagements professionnels de la Filière Communication ;
- respecter la propriété de la création entre agences, annonceurs, etc. ;
- s'interroger lors de l'achat de mots-clés correspondant à des marques concurrentes ou tierces, hors cadre contractuel, sur les conséquences vis-à-vis du respect du droit des marques et de détournement éventuel des consommateurs ;
- respecter les réglementations en vigueur (loi Évin...) ;
- être vigilant quant aux modes de diffusion (*spam*, *mailing*, origine des fichiers, identification de l'émetteur...) ;
- refuser les campagnes « fausses promesses » ;
- être transparent sur les activités de l'agence ;
- ne pas abuser d'une position dominante vis-à-vis des freelances.

7. APACOM, *apacom.fr*.

Rappelons les propos de Frédéric Petit, alors responsable RSE de l'agence Sidièse et animateur des groupes de travail sur l'élaboration du guide :

> *« Aujourd'hui, on ne peut plus faire l'impasse des questions de société dans nos actions de communication. C'est la raison pour laquelle un certain nombre d'acteurs de la communication ont souhaité créer une norme qui sera utilisée par les agences, mais également par les services de communication intégrés dans les entreprises ou les groupes. Le périmètre d'utilisation de cette norme sera notamment la communication éditoriale, la publicité, le packaging, le design de marque et le marketing direct. Les actions de communication font appel à un certain nombre de fournisseurs qui n'ont aujourd'hui pas intégré ces questions de responsabilité sociétale. Or, c'est l'enjeu de demain et particulièrement lors des consultations publiques et privées. La norme va leur apporter des outils faciles, des solutions concrètes et ainsi pérenniser leur développement économique*[8]. »

Et d'ajouter pour proposer une vision stratégique de la norme : « *La norme apporte une méthode d'identification des impacts positifs et négatifs sur la société, sur nos pratiques métier, notamment sur la conception des messages, sur les modes de production et les modes de diffusion.* »

8. « ISO 26000 pour les Métiers de la communication (16/11/2011) », Vidéo AFNOR, *youtube.com*, mis en ligne le 22/11/2011.

L'application de l'ISO 26000 au secteur de la communication en un graphique. En 2012, nous étions déjà équipés !

Source : d'après Association APACOM.

3. Les labels, chartes et programmes

À partir de la bascule opérée par la norme ISO 26000, la quasi-totalité des démarches qui verront le jour dans notre secteur auront pour fondement méthodologique et comme document de référence central l'ISO 26000. Dans la foulée, des labels et des chartes apparaissent.

UDM et le programme « FAIRe »

L'Union des Marques (UDM)[9] lance début 2018 le programme « FAIRe » et souhaite « *emmener collectivement les marques, les acteurs de l'écosystème publicitaire et les parties prenantes dans une démarche de progrès et de responsabilité* ». Parmi les quinze engagements du programme, on retrouve notamment l'identification des stéréotypes, qu'ils soient ou non dénigrants, le sous-titrage des campagnes, la transparence et la sincérité dans les appels d'offres, les impacts environnementaux du numérique, etc. En 2020, les signataires sont désormais quarante avec notamment l'arrivée d'AXA, de Colgate-Palmolive, de MAIF ou encore de Transdev.

Le nouveau programme « FAIRe »

ÉLABORATION RESPONSABLE DES MESSAGES *La marque s'assure de la clarté et de la loyauté des messages qu'elle diffuse et est attentive à leur impact sur la société.*	
1. Communication responsable	Elle déploie auprès des communicants un guide regroupant ses principes de communication responsable et met en place un circuit de validation de ses communications intégrant ces principes.
2. Récurrence des stéréotypes	Elle analyse ses communications afin d'identifier l'éventuelle récurrence de stéréotypes, qu'ils soient ou non dénigrants, et tient compte des résultats dans l'élaboration de ses campagnes ultérieures.

9. Ex-Union des Annonceurs (UDA).

3. Environnement et représentation des comportements	Lorsque ses communications représentent l'usage de ses produits ou services, elle analyse ces représentations au regard des principes du développement durable et de l'économie circulaire et les fait évoluer si nécessaire.
ÉCO-SOCIO-CONCEPTION DES SUPPORTS DE COMMUNICATION *La marque limite l'impact environnemental et social de ses supports de communication.*	
4. Critères environnementaux et sociaux	Elle définit un socle de critères environnementaux et sociaux appliqué à ses documents imprimés, sa PLV, ses stands et à ses événements.
5. Production audiovisuelle raisonnée	Elle définit un socle de critères environnementaux et sociaux appliqué à ses productions audiovisuelles.
6. Impacts environnementaux du numérique	Elle définit et introduit des paramètres environnementaux dans la sélection des supports de diffusion numériques de ses communications.
DIFFUSION MAÎTRISÉE DES COMMUNICATIONS *La marque veille à une diffusion maîtrisée de ses communications et à un usage réfléchi des données.*	
7. Univers de diffusion des publicités	Elle veille aux univers de diffusion de ses communications et insère dans ses contrats une clause relative à la lutte contre le financement d'activités illégales par la publicité en ligne.
8. Formats publicitaires	Elle privilégie les formats publicitaires respectant le confort d'utilisation du public sur les médias numériques selon les référentiels disponibles et encourage ses prestataires et les médias qui commercialisent l'offre publicitaire à en développer l'usage.
9. Volume de sollicitations et données personnelles	Elle limite les sollicitations trop nombreuses ou inadaptées en direction de ses publics notamment par une utilisation responsable des données personnelles.
10. Prise en compte de l'ensemble de ses publics	Elle sous-titre ses principales campagnes de communication.

TRANSPARENCE ET COMMUNICATION DES ENGAGEMENTS DE LA MARQUE *Transparence et éducation à l'usage auprès de l'ensemble des parties prenantes.*	
11. Communication des engagements	Elle communique auprès de l'ensemble de ses parties prenantes sur les engagements environnementaux, sociaux et sociétaux de l'entreprise et de la marque, notamment ceux liés à sa communication.
12. Transparence et éducation à l'usage responsable	Elle informe l'ensemble de ses parties prenantes des impacts environnementaux et sociétaux de ses produits ou services et leur donne les clés pour un usage responsable.
RELATION RESPONSABLE AVEC LES PARTENAIRES *La marque entretient une relation juste et responsable avec ses partenaires.*	
13. Engagements environnementaux et sociaux des prestataires	Elle introduit des paramètres environnementaux et sociaux dans la sélection de ses prestataires de communication.
14. Transparence, sincérité et responsabilité dans les appels d'offres	Elle veille au respect des principes de transparence, de sincérité et de responsabilité dans ses appels d'offres.
15. Relation quotidienne équilibrée	Elle veille à l'équilibre de sa relation avec ses partenaires et échange régulièrement sur le déroulé de celle-ci sur la base d'un questionnaire d'évaluation partagé pour prévoir, si besoin, des actions correctives.

Source : Union des Marques, *uniondesmarques.fr*

La démarche n'est pas une liste de vœux pieux mais bien un dispositif mesuré et transparent. L'objectif qui avait initialement été fixé était d'essayer d'atteindre le niveau 3 sur l'ensemble des engagements. Toutefois, il est apparu qu'au regard de la diversité des secteurs, des enjeux et des organisations qui constituent la communauté des signataires, ainsi que du niveau d'exigence attendu par l'Union des Marques, cet objectif ne pouvait être que partiellement réalisé.

Dans une démarche de progrès continu, les signataires, accompagnés par l'UDM, ont donc œuvré à mettre en place des processus et des ateliers sur les quinze engagements mais en mettant l'accent sur ceux qui leur semblaient prioritaires ou sur lesquels l'impact était potentiellement le plus important. La moyenne des scores des signataires pour 2019 était de 2,3/3 contre 1,8/3 en 2018.

AACC/AFNOR et le label « RSE Agence Actives »

Co-conçu en 2018 par l'AACC et AFNOR Certification, le référentiel du label « RSE Agences Actives » est spécifiquement adapté aux enjeux et métiers des agences-conseils en communication. Divisé en quatre grands thèmes, il couvre l'ensemble des sujets propres à celles-ci : vision et gouvernance, réalisation des prestations, ressources humaines et aspects sociaux, impact environnemental.

Afin de favoriser le déploiement de la RSE sur le marché de la communication, l'AACC avait, en février 2020, rendu le label accessible aux agences non-membres de l'association. Le label « RSE Agences Actives » est ainsi une démarche de labellisation qui permet de mesurer le niveau d'engagement des agences en matière de RSE. Pour l'obtenir, les agences candidates renseignent un questionnaire basé sur la norme ISO 26000 et pour lequel, sur chaque critère, elles fournissent des éléments de preuve justifiant leurs réponses. En fonction, elles pourront ou non obtenir le niveau minimum requis pour être labéllisées. Trois niveaux sont alors distingués : 1 étoile, niveau engagé ; 2 étoiles, niveau confirmé ; et 3 étoiles, niveau expert.

ARPP et la « Recommandation Développement durable »

L'ARPP (Autorité de régulation professionnelle de la publicité) a émis une « Recommandation Développement durable[10] » dont la version 3 est parue en avril 2020. « *Elle s'applique à tout message dont le contenu*

10. ARPP, « Recommandation Développement durable », *arrp.org*

pourrait contrevenir aux objectifs du développement durable y compris s'ils ne comportent pas d'argument écologique. C'est-à-dire que dès la conception, by design, *la publicité doit intégrer cette contrainte. Cela doit devenir un réflexe, au même titre que les principes de loyauté ou de véracité.* » Par exemple : ne pas inciter au gaspillage, ne pas présenter un véhicule sur un espace naturel mais sur une zone ouverte à la circulation…

Pour ne pas tomber dans « l'éco-blanchiment » ou *greenwashing*, le bénéfice environnemental d'un produit doit reposer sur des éléments de preuve et sa présentation doit être proportionnée.

UNIMEV et la « Charte de Développement Durable »

L'UNIMEV (Union Française des Métiers de l'Événement) dans sa « Charte de Développement Durable » de juillet 2010, présente les sept engagements votés par ses membres. Parmi ceux-ci : communiquer selon des règles conformes à une démarche RSE en évitant le *greenwashing*, se poser la question des démarches HQE (Haute qualité environnementale), toujours privilégier l'utilisation de produits éco-responsables, favoriser le recyclage…

SYNAP/SCRP et le « Code de déontologie des Relations Publics »

En juin 2020, les professionnels français des relations publics actualisent leur « Code de déontologie » pour affirmer la primauté de l'éthique, de la transparence et de la déontologie dans leurs pratiques, et s'inscrire comme acteurs d'une communication responsable.

Ce code professionnel est porté par le SCRP (Syndicat du Conseil en Relations Publics) et le SYNAP (Syndicat National des Attachés de Presse et des Conseillers en Relations Publics). Il y intègre notamment les nouvelles réglementations de la loi Sapin 2 et du RGPD (Règlement général sur la protection des données).

Cigref[11]/Syntec Numérique et un référentiel pratique

Les deux associations ont publié en octobre 2018 un référentiel commun[12] pour outiller et sensibiliser les entreprises aux enjeux éthiques du numérique. Il aborde les sujets de la protection des données, du respect de la vie privée, de la neutralité et de la transparence des algorithmes ou encore du droit à l'oubli à un niveau opérationnel, à la fois du point de vue de l'utilisateur (Cigref) et du concepteur (Syntec Numérique).

Orbicom et sa déclaration internationale

Orbicom (réseau des Chaires UNESCO en communication et technologies pour le développement) parraine la « Déclaration internationale des membres de la communauté professionnelle et scientifique en communication pour un monde plus sain, viable, meilleur[13] ». Cette importante initiative vise à rassembler les chercheurs et les praticiens en communication autour d'un des défis les plus importants de notre temps. Cette déclaration est fortement en lien avec plusieurs des préoccupations de notre réseau et vise à apporter une réponse communicationnelle aux crises auxquelles nous faisons face.

UNIIC et le label « Print'Ethic »

Initié par l'UNIIC (Union Nationale des Industries de l'Impression et de la Communication) en 2018, « Print'Ethic » est un label RSE basé sur la norme ISO 26000 dédié au secteur de l'industrie graphique. Il va plus loin que le label « Imprim'Vert » en englobant tous les principes de la RSE : social, environnemental et économique.

---

11. Le Cigref, association loi de 1901 créée en 1970, est un réseau de grandes entreprises et d'administrations publiques françaises qui se donnent pour mission de « réussir le numérique ».

12. Cigref, « Éthique et numérique. Un référentiel pratique pour les acteurs du numérique », *cigref.fr*, octobre 2018.

13. InterDeCom, « Orbicom s'engage pour un monde plus sain, viable et meilleur », *interdecom.org*, 19 janvier 2021.

Il se divise en quatre niveaux avec l'obligation de monter d'un niveau tous les trois ans. À ce jour, seuls quatre imprimeries et un organisme de formation (Grafipolis à Nantes) ont obtenu le niveau 1 en 2020.

L'évidence est là : il y a un avant et un après la norme ISO 26000. En constatant que nos métiers disposaient de tout le matériel et des cadres méthodologiques depuis 2012 environ, il serait facile d'accuser notre secteur d'immobilisme. Qu'avons-nous fait depuis presque dix ans ?

Mais dans les faits, la norme et son esprit se sont disséminés dans toutes nos organisations, ont produit des revisites de chartes qui n'avaient pas bougé depuis des décennies, ont déclenché de nouvelles initiatives, petit à petit, comme les vagues érodent les falaises d'Étretat. La norme ISO 26000 (son contenu, son cadre plus qu'elle-même d'ailleurs) s'est, en réalité, bel et bien imposée dans notre secteur, *a priori* plutôt hostile aux cadres et aux dispositifs contraignants.

Chapitre 3
Pourquoi la communication et le marketing sont pointés du doigt ?

« *Le temps du monde fini commence* », écrivait Paul Valéry en 1931. Cette phrase ne caractérise-t-elle pas parfaitement notre monde d'aujourd'hui et la situation de la communication et du marketing ? Un monde qui comprend enfin que s'il ne se réforme pas, il signe son obsolescence à court terme. La prise de conscience de la finitude – ne serait-ce que possible – de notre monde, du modèle de consommation qui le régit, engendre une pression des opinions sur nos métiers et sur la manière de les pratiquer.

Le marketing et la communication, depuis leurs premiers pas, portent en eux la controverse. Et le fait d'être un secteur qui « pèse » lourd (47 milliards d'euros et environ 700 000 emplois directs ou indirects[1]) renforce, voire attise, les haines. Pour beaucoup, marketing et communication sont les complices de *Big Corpo*[2] et, plus globalement, sont l'engeance à l'origine de tous les maux de notre civilisation.

1. Étude EY réalisée pour le compte de l'UDA et de l'UDECAM auprès de 1 033 entreprises en 2017, « Les investissements en communication des entreprises en France ».

2. Debove L., « France : 31 milliards d'euros dépensés pour la publicité chaque année, l'urgence de la réguler », *lereleveetlapeste.fr*, 12 juin 2020.

1. Morale, éthique et autorégulation

Dans son livre paru en 2016, *Le procès de la communication*[3], Thierry Wellhoff accuse la communication d'être superficielle, manipulatrice et de polluer notre espace visuel, sonore, etc. Le procureur fait rimer communication avec dissimulation, falsification, manipulation. Il la compare au miroir aux alouettes, au chant des sirènes.

En conclusion, retenons la plaidoirie de l'avocat de la défense :

> *« La communication est un outil, une technique, un savoir-faire et une expertise. Le tout à la fois. À ne pas confondre avec celui ou ceux qui l'utilisent. Ils peuvent s'appeler Gandhi, Mandela, sœur Emmanuelle, l'abbé Pierre. Ils peuvent se nommer Joseph Goebbels, Mussolini, Ben Laden ou Cherif et Saïd Kouachi. Tous, sans exception, ont utilisé la communication avec talent. Pour le meilleur... ou pour le pire ! »*

Aux origines de l'ambiguïté

Le marketing, en fabriquant des envies au-delà même des besoins, est *de facto* du côté des méchants. Idem pour la communication qui influence nos choix, nos goûts, manipule nos préférences et façonne une société consumériste dans laquelle la consommation semble synonyme de bonheur et l'hyper-consommation le Graal. Comprendre comment se structurent ces opinions, c'est déjà identifier une partie des solutions. Dessiner la cartographie des ressentiments, voire des haines et des arguments, c'est être en capacité de proposer un chemin.

Dès son origine, un personnage à la croisée des deux métiers va parfaitement incarner cette ambiguïté éthique : Edward Bernays.

3. Éditions Manitora/Les Belles Lettres.

La naissance de nos métiers dans l'ambiguïté éthique

« La manipulation consciente et intelligente des actions et des opinions des masses est un élément important dans une société démocratique. Ceux qui manipulent ce mécanisme invisible de la société constituent un gouvernement invisible qui est le vrai pouvoir de notre pays. Nous sommes gouvernés, nos esprits sont formés, nos goûts éduqués, nos idées suggérées, en grande partie par des hommes dont nous n'avons jamais entendu parler[4]*. »*

Edward Bernays est considéré comme le père de ce que les Américains nomment le « *spin* », c'est-à-dire la manipulation – des nouvelles, des médias, de l'opinion. Il a donné naissance à l'industrie des « relations publiques », terme inventé par sa femme et partenaire Doris Fleischman pour éviter d'utiliser celui trop marqué de « propagande ».

Mais c'est bien pour retourner l'opinion publique américaine en faveur de l'entrée dans la Première Guerre mondiale en 1917 que Bernays fait ses armes. Il met en place, avec la *Commission Creel* auprès du président Wilson, un véritable arsenal mental, mettant en scène l'Oncle Sam avec le doigt pointé et le slogan « *I want you for U.S. army*[5] », faisant de la propagande une science.

Juste après la guerre, sollicité par une marque de bacon en manque de débouchés, il a l'idée de suggérer le concept d'un petit-déjeuner copieux avec des œufs et du bacon, validé par des dizaines de médecins qui vont en faire la réclame dans la presse. C'est ainsi qu'il crée de toutes pièces l'un des symboles du petit-déjeuner américain et qu'il fait bondir les ventes !

Mais son coup d'éclat est lié à Lucky Strike. En 1929, il est inconvenant pour une femme de fumer en public, privant ainsi les industriels du tabac de la moitié d'un marché potentiel. Bernays sollicite alors des groupes féministes pour allumer ostensiblement une cigarette dans la rue lors de la parade de Pâques à New York, en leur faisant déclarer qu'elles allument les « torches de la liberté ». Il fait de la cigarette un nouveau symbole d'émancipation féminine, le cinéma fera le reste.

Au service de l'industrie de la bière, il va associer l'image d'une boisson peu alcoolisée à l'idée même de modération. Génie marketing, manipulateur inspiré par les théories de Freud, son oncle, il va « souffler aux gens les rêves avant qu'ils les aient rêvés ».

4. BERNAYS E., *Propaganda. Comment manipuler l'opinion en démocratie*, 1928.
5. Que l'on peut traduire par : « Je vous veux pour l'armée américaine ».

> Son livre *Crystallizing Public Opinion* a même inspiré Joseph Goebbels, ministre de la propagande d'Adolf Hitler, au grand regret de l'auteur. Mais Bernays est aussi connu pour son implication en 1954 dans le renversement du pouvoir démocratiquement élu au Guatemala au profit de son employeur, la compagnie bananière United Fruit avec l'appui de la CIA. Pour provoquer ce coup d'État, Bernays utilisera tous les ressorts de la propagande, de la diffusion de fausses informations jusqu'au lobbying auprès de membres du Congrès pour dénigrer un « Guatemala communiste ».

Le constat est simple, la question morale est depuis l'origine de nos métiers dans l'équation de notre crédibilité. L'enjeu de la RSE pour les organisations et l'injonction à nos métiers « d'en être » peuvent constituer une faiblesse de plus ou le déclic que nous attendions. Comme le rappelle Julie Schwarz, directrice fondatrice d'Econovia, agence de communication responsable dans une tribune[6] : « *La crise du Covid-19, si elle a d'ailleurs accéléré ce phénomène de méfiance systématique face aux stratégies de communication douteuses, a eu le mérite de mettre en pause toute une filière métier. [...] [Ce phénomène] a mis en lumière des dysfonctionnements communicationnels.* » Elle note que le *greenwashing*, puis le *socialwashing*, sont les stratégies de camouflage des marques qui utilisent la RSE pour se donner bonne conscience. Et la conséquence directe est la perte de crédibilité des communicants et des publicitaires. Elle appelle de ses vœux à : « *[Entrer] sur [la] scène de l'éthique, de la transparence et de l'intégrité. [...] Et gageons que nous, dirigeants et dirigeantes d'une communication et publicité plus responsables, saurons nous montrer à la hauteur de l'enjeu. Porter de nouveaux discours et de nouvelles représentations collectives d'une société plus éthique, plus responsable et plus solidaire. Chacun à sa petite échelle !* »

Les acteurs du marketing et de la communication ont donc longtemps évolué dans un monde amoral, non immoral, dans lequel la question de la morale avait peu ou pas sa place. Notre secteur n'est

---

6. Culture RP, « Pour défendre une communication et une publicité vraiment responsables », *culture-rp.com*, 1er octobre 2020.

pas gouverné *via* un Ordre comme celui des médecins ou des notaires, pas de système juridique interne, de risque de perdre un « droit d'exercer » son métier. Et notre système d'autorégulation, le Bureau de vérification de la publicité (crée en 1953 !), transformé en Autorité de régulation professionnelle de la publicité en juin 2008, fonctionne et joue pleinement ses quatre missions principales :

- établir avec les acteurs majeurs de la publicité les règles d'autodiscipline de la profession ;
- assurer, à la demande de l'ensemble des acteurs de la publicité télévisée en France et avec l'accord tacite du CSA, l'examen préalable systématique des spots télévisés avant diffusion ;
- conseiller tous les supports de publicité avant l'insertion d'une publicité ;
- veiller au respect des règles déontologiques établies par la profession.

Mais notre système d'autorégulation est régulièrement questionné sur son « entre-soi », sa lenteur d'action au regard du rythme de nos secteurs et peut parfois apparaître laxiste.

Tribune

Mathieu Jahnich | Consultant-chercheur indépendant en communication responsable et animateur du blog *sircome.fr*

Notre système de régulation et quelques idées pour l'améliorer

Ce qui fonctionne plutôt bien :

- le travail des juristes de l'ARPP avant diffusion. Leur action est assez méconnue, mais ils interviennent chaque mois sur des milliers de publicités pour analyser le respect des différentes règles déontologiques (développement durable, mais aussi image et respect de la personne, comportements alimentaires…). Ils peuvent formuler des avis qui sont bloquants pour des films publicitaires diffusés à la télévision et optionnels pour les autres formats publicitaires ;

– la procédure de dépôt de plainte est simple et rapide, *via* un formulaire sur le site du Jury de Déontologie Publicitaire (JDP), et est ouverte à n'importe quel citoyen.

Ce qui fonctionne moyennement bien :
– les règles sont parfois méconnues des professionnels eux-mêmes. Voici l'extrait d'une lettre transmise par un annonceur à la suite d'une de mes plaintes : « *La société ignorait, avant la réception de la plainte, l'existence et le contenu des recommandations de l'Autorité de régulation professionnelle de la publicité.* » Pour qu'elles soient appliquées, les règles déontologiques doivent d'abord être connues ;
– les avis sont publiés discrètement sur le site du JDP. Aucun communiqué de presse n'est diffusé ; les avis n'apparaissent pas dans la presse spécialisée. Le *name and shame* fonctionne partiellement et pourrait être renforcé ;
– le délai de traitement de chaque plainte, d'environ deux mois entre le signalement d'une publicité litigieuse et la publication de l'avis, est trop long puisque les campagnes publicitaires ne durent en général que quelques jours et que « le mal est fait ». Toutefois, c'est court quand on le compare au délai moyen pour obtenir une décision de justice (par exemple, neuf mois devant le juge administratif).

Ce qui ne fonctionne pas :
– le contrôle des publicités avant diffusion est trop souvent facultatif. Le contrôle par les juristes de l'ARPP est systématique et bloquant uniquement pour les films publicitaires diffusés à la télévision et sur les services de médias audiovisuels à la demande. Il est optionnel pour tous les autres formats et il y a clairement des dérives (*cf.* chapitre 6) ;
– la plupart des annonceurs/agences ne comprennent pas les enjeux de *greenwashing*. Dans une analyse de tous les avis rendus par le JDP en 2019-2020, j'ai montré que seulement 28 % des entreprises concernées par une plainte adoptent une posture responsable et reconnaissent leur erreur ; 72 % soutiennent au contraire que leur campagne ne contrevient pas aux règles déontologiques alors que les plaintes ont finalement toutes été jugées fondées.

Le respect des règles déontologiques est la clé de voûte d'une publicité plus responsable. De mon point de vue, plusieurs modifications du dispositif de régulation pourraient permettre de réduire les cas de *greenwashing*.

- Ouvrir réellement la gouvernance de l'ARPP aux représentants de la société civile.
- Rendre obligatoire l'avis des juristes de l'ARPP avant diffusion d'une publicité environnementale (quel que soit son format) et élargir le périmètre d'application de la « Recommandation Développement durable » à toute forme de communication (communication sur site web, marketing produit...).
- Accentuer la communication autour des cas de *greenwashing* avérés (les publicités classées en manquement dans le bilan, les avis du Jury de Déontologie Publicitaire tout au long de l'année) pour pointer du doigt les entreprises et leurs agences (notamment celles qui ne reconnaissent pas leur erreur). Mettre en place des sanctions financières pour les acteurs qui récidivent (premier avis = pédagogie, deuxième avis = sanction).
- Intensifier et systématiser les actions de formation aux règles déontologiques et aux enjeux de la transition écologique pour tous les étudiants en publicité/marketing/communication et tous les professionnels en poste.

Dans un article de juin 2020, *La Relève*, média engagé, relevait ainsi ces constats :

> *« L'ARPP, l'organisme aujourd'hui chargé de réguler la publicité, n'a aucun pouvoir de sanction et traite l'objet plusieurs mois après les plaintes, ce qui ne correspond pas au temps de vie de la publicité C'est comme cela que l'enseigne Cdiscount a pu faire une pub incitant clairement au gaspillage, sans recevoir aucune sanction malgré une lettre de l'ADEME dénonçant la méthode au Jury de Déontologie Publicitaire de l'ARPP. Rien d'étonnant lorsqu'on sait que l'ARPP est en fait composé des mêmes publicitaires qui sont mis en porte-à-faux ».*

Les aiguillons de la pub

Assez naturellement, les rappels à l'ordre s'opèrent soit *via* la régulation et le législateur (*cf.* chapitre 1), soit *via* des groupements activistes de plus en plus extrêmes dans leurs discours et leurs pratiques ;

citons Les Déboulonneurs, Résistance à l'Agression Publicitaire, Paysages de France...

L'association Résistance à l'Agression Publicitaire (R.A.P.) est ainsi la principale instance antipub en France, regroupant et coordonnant plusieurs mouvements, et relayant de nombreuses actions collectives. « *Nous ne luttons pas contre la publicité en soi, mais contre l'agression publicitaire* », indique Khaled Gaiji, son ancien président[7]. « *Nous recevons entre 1 200 et 1 300 messages publicitaires par jour et environ 15 000 stimuli commerciaux (logos), c'est beaucoup trop !* » Créée en 1992, elle revendique aujourd'hui 500 adhérents. Khaled Gaiji résume bien leur positionnement *via* une punchline qu'un concepteur-rédacteur ne renierait pas : « *On milite pour la liberté de réception.* » Cette position est totalement en phase avec les enjeux de ROI des professionnels du marketing et de la communication, et déjà contenue dans les premières théories de la communication au milieu du XXe siècle (*cf.* le modèle de Shannon et Weaver qui valorise pour une communication efficace l'importance de la prise en compte du récepteur/destinataire). L'enjeu du consentement est la colonne vertébrale de leur discours militant « *soft* » : « d'accord pour être des "cibles" et d'accord pour qu'un secteur comme celui de la communication existe et prospère, mais intégrez davantage notre consentement ». Une approche parfaitement alignée avec les principes de la communication et du marketing responsables.

Mais d'autres courants plus activistes font reposer leur action sur la remise en question du modèle consumériste, souvent également capitaliste, en étant plus extrêmes sur la question écologiste et parfois en agrégeant d'autres enjeux sociétaux connexes (patriarcat, néocolonialisme, etc.) : « *S'attaquer à tous ceux qui s'attaquent au vivant*[8] »,

7. Bastié E., « Qui sont les acteurs du mouvement antipub en France ? », *lefigaro.fr*, 25 mars 2017.

8. Pouyat A., « La Ronce : ces militants prêts au sabotage "pour sauver le Vivant" », *wedemain.fr*, 4 janvier 2021.

tout en intégrant aussi des actions contre la publicité. Arrêtons-nous à ce propos sur le collectif La Ronce par exemple.

Pas d'organisation, pas de « chef », mais il faut le noter, une véritable efficacité en matière de communication (signature, slogan, narration) et de marketing de ses actions. *« La Ronce n'est pas un collectif institué, elle est avant tout une idée qui se diffuse, qui peut émerger partout [...] [et] chaque jour, le buisson de Ronce grandit. [...] Dans ce schéma, chaque membre se définit comme une épine*[9] ». Une proximité revendiquée avec des groupes comme Extinction Rébellion et des modes d'action principalement sous forme de « micro-sabotages ». Parmi les gestes proposés : ouvrir les bouteilles de Coca-Cola ou de Roundup au supermarché, neutraliser les terminaux de paiement des stations Total, le QR code des trottinettes électriques ou dégonfler les pneus de SUV[10] (en laissant un message « pédagogique » sur le pare-brise). Le mouvement revendique des dizaines de milliers d'actes de micro-sabotage dans les supermarchés. Un chiffre difficile à vérifier mais son compte Instagram compte en tout cas plus de 30 000 abonnés. Pour appuyer ses faits, La Ronce utilise aussi régulièrement l'exemple de la Suède : quelques centaines de personnes se sont mises à dégonfler les pneus de SUV en 2007, les ventes ont chuté de 27 % et un débat public s'est ouvert sur l'usage de ces véhicules polluants. Plus récemment, toujours sur Instagram, La Ronce appelait les graphistes et les artistes à dessiner des affiches originales pour les positionner sur les panneaux publicitaires afin de dénoncer, selon eux, leur omniprésence.

Il existe aujourd'hui, à l'échelle du monde, une grande variété de groupes, plus ou moins structurés, plus ou moins coordonnés, qui opèrent avec des pratiques variables en intensité et en diversité. Ces groupes épars se rassemblent au moins une fois par an autour

9. La Ronce, « Pour protéger le vivant, mettons "un joyeux bordel" », *reporterre.net*, 8 octobre 2020.

10. SUV est l'abréviation de « *Sport Utility Vehicule* », modèle de véhicule à la fois tout terrain et familial.

de la journée du 25 mars décrétée « Journée antipub ». Pourquoi le 25 mars ? Le 25 mars 2013 marque la relaxe de membres du groupe Les Déboulonneurs pour avoir défiguré des panneaux publicitaires. Ils ont argumenté que leur « liberté de réception » avait été violée au regard de la pollution commerciale, jugée toxique par le groupe, dans l'espace public. La juge a accepté et estimé que leurs actions étaient légales en vertu d'une défense fondée sur la « liberté d'expression » et la « raison de nécessité ».

Ainsi, il faut regarder ces actions et ces groupes pour ce qu'ils sont : des structures ambivalentes, parfois violentes, parfois sourdes à toute discussion, qui acceptent rarement de venir à la table des parties prenantes pour débattre. Mais aussi des aiguillons qui obligent notre secteur à des prises de conscience, à une accélération de ses transformations, qui nous obligent à regarder dans les coins, à soulever le tapis, bref, qui nous demandent de regarder dans nos angles morts. Et n'oublions pas que les angles morts sont, dans nos métiers comme sur la route, des facteurs d'accidents.

Les justiciers de la pub

À ce titre, deux démarches méritent d'être citées car elles impactent directement notre secteur : les Sleeping Giants et, dans le même esprit, la démarche Stop Hate Money.

Les Sleeping Giants, ou géants endormis, sont un collectif militant qui agît exclusivement sur les réseaux sociaux pour lutter « *contre le financement des discours de haine* » dans les médias ou les espaces numériques. Ils interpellent publiquement les annonceurs (les dircoms, les directeurs marketing, parfois leurs agences) dont les publicités apparaissent dans des médias ou des émissions propageant des discours jugés racistes ou sexistes. Le collectif naît en novembre 2016 aux États-Unis peu après la victoire de Donald Trump, avec le lancement d'un compte Twitter visant à boycotter Breitbart News. Désormais présents dans de nombreux pays, ils apparaissent en France en 2017 où ils s'attaquent notamment au site d'information généraliste *Boulevard Voltaire*, fondé par Robert Ménard, ou encore au magazine *Valeurs actuelles*. Leur positionnement : ne pas se substituer à la justice mais attaquer sites et émissions condamnés par la justice, comme récemment celle d'Éric Zemmour sur la chaîne CNews[11]. Leurs contenus d'alerte sont toujours courtois, en lien avec le slogan ou la signature des annonceurs, comme en témoignage, par exemple, ce tweet en août 2021 : « *Bonjour UFC Que Choisir, votre annonce a été placée par Google sur le site de l'ancien journal* France Soir. *Il est aujourd'hui considéré par beaucoup comme donnant dans le complotisme et les* fake news, *notamment au sujet de la pandémie* ». Le 10 septembre 2021, Google décide finalement de démonétiser le site de *France Soir*. Le porte-parole de Google France explique : « *Google a un règlement pour les éditeurs clair qui est conçu pour garantir à nos utilisateurs une expérience positive, tout en protégeant les marques contre la diffusion de leurs publicités à côté de contenus dangereux et trompeurs. Nous avons prévenu* France Soir *avant de prendre des mesures, leur demandant de remédier aux violations persistantes de nos règles. Nous ne diffuserons pas de publicités Google sur leur site tant qu'ils ne les respecteront pas*[12]. » Soit une perte estimée à 200 000 euros de recettes par mois pour *France Soir*.

Idem pour la démarche Stop Hate Money, pilotée en France par Tristan Mendès France depuis juin 2019. Le projet vise à assécher le financement de la haine en ligne, porté par l'Observatoire du conspirationnisme (*Conspiracy Watch*), avec le soutien du Fonds du 11 janvier, en référence aux manifestations post-attentats du 11 janvier 2015. L'objectif est de responsabiliser les acteurs et les intermédiaires financiers qui facilitent (souvent sans le savoir) la propagation de discours de haine en ligne, en premier lieu *via* la sensibilisation des entreprises dont les publicités en ligne apparaissent

11. Le Monde/AFP, « Éric Zemmour condamné à 10 000 euros d'amende pour injure et provocation à la haine », *lemonde.fr*, 25 septembre 2020.
12. L'Obs, « Google coupe la pub du site de *France Soir* », *nouvelobs.com*, 10 septembre 2021.

sur ce type de sites. À ce titre, Stop Hate Money peut apparaître comme une aide pour assurer le *brand safety* des marques et s'inscrit dès lors comme une ressource positive pour la communication et le marketing responsables. Il aide les organisations à s'assurer que leur marque n'apparaisse pas dans des environnements qui pourraient présenter un risque pour leur image. En effet, les annonceurs publics ou privés confient leur budget publicitaire à leur agence de publicité, qui confie l'achat d'espaces à des agences spécialisées. Ces agences restent dans une logique d'optimisation, avec des pratiques de publicité programmatique et des opérations de *real time biding,* soit des enchères en ligne. *In fine*, les annonceurs ne savent pas vraiment où vont échouer leurs publicités. Certains annonceurs mettent ainsi en place une *whitelist* et/ou une *blacklist* (liste d'exclusion) pour contrôler davantage l'orientation de leurs investissements publicitaires.

Enfin, il faut également noter l'action du secteur sur ce sujet avec la création du label « *Digital Ad Trust* » autour de six critères pertinents au cœur de la communication et du marketing responsables qui peuvent donner une bonne grille de lecture et un guide pour la mise en œuvre de bonnes pratiques.

1. ***Brand safety*** : une communication digitale dans un contexte éditorial en adéquation avec les valeurs de la marque de l'annonceur.
2. **Visibilité** : la mesurabilité de la visibilité et l'optimisation de l'affichage des campagnes sur les écrans actifs.
3. **Fraude** : la mise en place d'outils filtrant le trafic invalide pour garantir la qualité de diffusion des campagnes publicitaires.
4. **Expérience utilisateur et encombrement publicitaire** : un consensus pour un encombrement publicitaire acceptable et un accès prioritaire aux contenus.
5. **Respect des données personnelles** : le respect de l'utilisateur lors de la collecte de ses informations personnelles.

2. À qui la faute ?

La faute aux médias ?

À ce jour déjà – ou seulement –, 116 sites médias sont labellisés « *Digital Ad Trust* » : c'est peu pour prétendre à la révolution de nos pratiques, mais c'est en même temps un véritable signal encourageant qu'il faut valoriser.

L'intérêt de ces deux démarches (Sleeping Giants et Stop Hate Money) est notamment de combler un trou, une béance dans les argumentations des antipubs, un non-dit coupable même : le financement du paysage médiatique ! Rappelons que la publicité déverse sur les médias en France entre 10 et 15 milliards d'euros[13] par an, selon l'étude BUMP[14], et que les aides directes de l'État représentent en regard 76 millions d'euros en 2019[15] (400 titres de presse en bénéficient hors audiovisuel public). Et à ces aides s'ajoutent des aides indirectes importantes (déficit supporté par La Poste pour la diffusion, TVA, etc.). Pourtant, à titre d'exemple, en 2020, le marché télévisuel a perdu plus de 300 millions d'euros de recettes publicitaires, preuve que l'ensemble du paysage médiatique a besoin de cette manne financière. Évidemment, dans une dénonciation globale de la consommation, il est possible de considérer les médias comme les complices du système : du magasin au magazine[16] et *vice versa*. La flânerie consumériste inversée vient à nous *via* les médias, le magazine c'est le magasin chez soi.

Une des responsabilités de la communication et du marketing est donc de permettre, *via* les investissements publicitaires, une pluralité de médias en France dans le cadre d'une conformité aux

13. Les recettes publicitaires nettes se sont élevées à 13,34 milliards d'euros en 2020.
14. Baromètre unifié du marché publicitaire (BUMP) : IREP, France Pub et Kantar.
15. Le Figaro/AFP, « Aides à la presse : 76 millions d'euros versés à plus de 400 titres en 2019 », *lefigaro.fr*, 2 juin 2021.
16. Titre d'un article dans *Le Monde Diplomatique* : Galluzzo A., « Du magasin au magazine », *monde-diplomatique.fr*, octobre 2020.

valeurs républicaines. Il faut aussi l'affirmer, les budgets de communication (et pas uniquement publicitaires) font vivre les médias, payent les salaires des journalistes, n'en déplaise au rapport *Big Corpo*[17] qui affirmait à propos de l'étude Deloitte « La contribution économique de la publicité en Europe » de 2017, commandée par la WFA (*World Federation of Advertisers*) : *« Le secteur de la communication essaie de s'attirer le nombre d'emplois soi-disant créés par la publicité jusqu'à ceux des journalistes dont les médias dépendent de la publicité ! »*

Ainsi, en octobre 2020, plus de vingt organismes professionnels représentant l'ensemble des acteurs de la communication et de la publicité[18], inquiets des projets d'interdiction et de la future loi Pompili promulguée à l'été 2021 (*cf.* chapitre 1), publient une tribune pour une transition écologique réussie. Cette tribune, « Avant d'interdire », expose leurs arguments, principalement économiques, notamment en pointant la baisse de revenus provenant de la publicité pour des médias déjà fragilisés mais également la pénalisation des marques et entreprises sur la scène internationale par exemple.

« Avant d'interdire »

Deux projets de loi s'apprêtent à restreindre drastiquement la liberté de faire de la publicité. Si nous partageons l'objectif – favoriser la transition écologique et une meilleure consommation – ces projets d'interdiction nous inquiètent.

La communication peut devenir le bras armé de la transition. Plus on en privera les entreprises, plus la transition aura du mal à se mettre en place.

Avant d'interdire, a-t-on vérifié que les mesures proposées auront une réelle efficacité écologique ? En publicité, les interdictions sont toujours contre-productives. **La publicité est faite pour promouvoir, en positif.** Nul doute qu'elle puisse le faire pour la transition écologique. Elle a déjà commencé et les entreprises ne peuvent avancer dans

17. Programme SPIM, « *Big Corpo*. Encadrer la pub et l'influence des multinationales : un impératif écologique et démocratique », *amisdelaterre.org*, mai 2020.
18. Gervais F., Mercedes E. et Habib L., « Avant d'interdire », *Stratégies*, 5 octobre 2020.

leur transition en restant muettes : elles doivent pouvoir rendre publics leurs offres et avantages écologiques, orienter les modes de consommation et usages des gens.

Avant d'interdire, est-on sûr de disposer de l'information juste et utile qui guiderait les publics vers des choix plus écologiques ? Les entreprises travaillent à l'amélioration des dispositifs d'information sur l'impact environnemental de leurs produits pour les rendre encore plus pertinents et fiables, **et la publicité pourrait être un vecteur de diffusion très efficace de ces informations.**

Avant d'interdire, a-t-on réalisé l'impact économique et social ? Les mesures d'interdiction et de limitation compromettraient toute chance de reprise. Si l'on veut éviter une crise durable et son corollaire, le chômage de masse, la priorité doit être à la relance. Nous avons besoin que les entreprises commercent normalement et donc que les gens consomment normalement. Les entreprises n'ont pas de trésors de guerre tels qu'elles puissent investir dans leur transition sans continuer à vendre, et cela n'aura pas lieu sans activer le levier de la communication.

Avant d'interdire, a-t-on songé que les médias privés, nationaux ou locaux, vivaient principalement de la publicité ? Il n'existe pas d'autre système qui permette aux médias de se financer en restant accessibles. Ils ont perdu 20 % de leurs ressources publicitaires en raison de la pandémie. Va-t-on leur infliger une baisse supplémentaire de 20 % ? Il en va de la pluralité du paysage médiatique français et, *in fine*, de la démocratie.

Quant à la Filière Communication, c'est un écosystème de 52 milliards d'euros et 750 000 emplois (directs et indirects), constitué à 60 % de TPE et PME, déjà mis à mal par la pandémie, qui risque de ne pas s'en relever. Trop d'emplois et de revenus sont en jeu, qui sont aussi ceux des acteurs de l'industrie culturelle (comédiens, auteurs, musiciens, réalisateurs, photographes, graphistes, etc.). S'en prendre à elle au nom de l'environnement, alors qu'elle a depuis toujours choisi son camp et participé à la sensibilité du public, est injuste.

Avant d'interdire, a-t-on pensé aux atteintes à la liberté de commercer, d'innover, que constituent la plupart de ces mesures ? Nos voisins européens ne seront pas entravés sur leurs marchés intérieurs par de telles mesures. Les entreprises et marques françaises le paieront cher sur la scène internationale.

Avant d'interdire, a-t-on songé à faire confiance à l'intelligence et au libre arbitre des gens, citoyens et consommateurs ? Loin d'être tous des surconsommateurs, chaque jour ils font leurs choix en conscience. Dénierait-on aux Français leur discernement ?

Et enfin, avant d'interdire, prenons le temps d'échanger avec les parties prenantes que sont l'Union des Marques, les médias et la Filière Communication, afin de construire ensemble les solutions pour faire de la publicité un accélérateur de la transition.

La publicité veut pouvoir faire son travail pour la transition écologique.

Franck Gervais, président de l'Union des Marques

Mercedes Erra, présidente de l'Association pour les actions de la Filière Communication

Laurent Habib, président de l'Association des Agences-Conseils en Communication

Tribune signée par : In Design We trust (*Association Design Conseil*), APACOM (*Association des professionnels de la communication*), Bureau de la Radio, Cfdt - Communication Conseil Culture, SNCTPP (*Syndicat National des Cadres et Techniciens de la Publicité et de la Promotion*), CFTC SNPub (*Syndicat National de la Publicité*), Fieci CFE-CGC, FO SNPEP (*Syndicat National de Presse, d'Édition et de Publicité*), FNPS (*Fédération Nationale de la Presse d'information Spécialisée*), IAB France (*Interactive Advertising Bureau France*), IREP (*Institut de Recherches et d'Études Publicitaires*), MMA (*Mobile Marketing Association France*), Place de la Communication, SEPM (*Syndicat des éditeurs de la presse magazine*), SIRTI, SNPE (*Syndicat national de la publicité extérieure*), SNP TV (*Syndicat National de la Publicité Télévisée*), SRI (*Syndicat des Régies Internet*), Syntec Conseil, SCRP (*Syndicat de Conseil en Relations Publics*), UCC Grand Sud (*Union des Conseils en Communication*), UDECAM (*Union des entreprises de conseil et achat média*), UNIREL (*Union professionnelle de la recherche en ligne de l'édition de contenus et de bases de données*), UPE (*Union de la Publicité Extérieure*).

Et les Français ?

Au-delà des associations et mouvements militants, quelle est l'opinion des consommateurs, des citoyens français ? La 14e édition du « Baromètre de la communication responsable 2021 » de Greenflex-Ademe[19] nous apporte les éclairages pertinents et marque un tournant : après avoir pris conscience des limites de leur mode de vie, les consommateurs tentent maintenant de s'en échapper en se tournant vers des habitudes plus durables. Ce passage à l'acte est clé, la consommation étant le rouage central de nos sociétés et la prémisse d'une évolution des modes de production. Les chiffres de l'étude

19. *presse.ademe.fr*

illustrent en premier lieu une diminution de la consommation : ainsi, à titre d'exemple, 70 % des individus interrogés déclarent avoir réduit leurs achats de cosmétiques. Cette évolution est également qualitative, les citoyens cherchant à consommer mieux par le biais de produits biologiques, locaux ou recyclés. Pas de doute, le train de la transition est en marche du côté des consommateurs.

Les enjeux de demain reposent donc dorénavant sur les entreprises qui font face à une défiance généralisée de la part des consommateurs. En effet, 27 % d'entre eux seulement leur accordent encore leur confiance. Néanmoins, 63 % des citoyens interrogés déclarent pouvoir changer d'avis si les entreprises proposent des produits durables. Le carnet de route des entreprises ? Reconquérir le cœur de leurs consommateurs par des comportements plus responsables, afin d'assurer d'une part, leur pérennité et, d'autre part, l'engagement d'une véritable transition.

Finalement, les Français demeurent paradoxaux en matière de comportements. La 1re édition de l'Observatoire du Mieux en mai 2021 réalisée par le cabinet Occurrence pour le groupe *Les Échos-Le Parisien* nous en donne un aperçu : 91 % des Français sont d'accord avec l'affirmation qu'il est « nécessaire de changer de modèle » de consommation, 87 % considèrent même qu'il s'agit « d'une urgence absolue pour chacun de nous », mais 70 % affirment – comme en s'excluant de l'équation – qu'« aujourd'hui tout cela est très théorique dans le quotidien ».

Un autre enseignement doit aussi, en tant que communicant, nous questionner sur notre rôle dans la solution de demain et constitue finalement, peut-être de manière embryonnaire, un espoir : 47 % des Français pensent que consommer responsable est un « renoncement nécessaire », 25 % une « forte contrainte » et seulement (ou déjà, diront les plus optimistes d'entre nous) 33 % « un vrai plaisir ». Et c'est peut-être là que réside le rôle de la communication et du marketing responsables : démontrer que la consommation responsable est un plaisir, qu'il s'agit d'une démarche joyeuse et non austère…

Enfin, deux signaux faibles doivent également alerter notre secteur. Le premier : 44 % des Français utilisent des bloqueurs de publicité et 52 % ont effacé les cookies de leur navigateur dans le mois passé[20]. Des chiffres qui font écho à une donnée plus ancienne, de l'institut d'études OpinionWay, qui avait posé la question suivante en 2014[21]: « Quel prix annuel seriez-vous prêt à payer pour pouvoir bénéficier d'Internet sans publicité ? » ; 47 % des sondés indiquaient n'être pas prêts à payer, en revanche 50 % des Français estimaient à 27 € par an le coût d'Internet sans publicité. Par ailleurs, ce résultat divergeait fortement selon l'âge : les 18-24 ans étaient prêts à débourser 11 € en moyenne et les 50-64 ans 39 €. L'agence Mozoo avait alors estimé que, vierge de toute publicité, Internet coûterait 65 € par an et par internaute en plus du prix mensuel exigé par le fournisseur d'accès. Un prix encore inaccessible pour beaucoup, mais si tous les CSP+ payaient pour ne plus recevoir de publicité pour l'ensemble de leurs usages d'Internet, quel serait l'avenir de la publicité ?

3. Communication, publicité et marketing sur le banc des accusés

Le poison et le remède

Au-delà des questions liées à la transition écologique et aux enjeux éthiques, la principale question posée à nos métiers est celle de l'imaginaire collectif que nous bâtissons.

La publicité et le marketing représentent environ 1 500 milliards de dollars d'investissement dans le monde et environ 30 milliards d'euros en France, soit un tiers du programme de relance post-pandémie

20. WeAreSocial/Hootsuite, « Digital 2020 : les principaux enseignements », *wearesocial.com*, 30 janvier 2020.

21. Mozoo/OpinionWay, « Les Français et la publicité sur Internet », octobre 2014, disponible sur Journal du Net, « 50 % des Français sont prêts à payer 27 € par an pour un Internet sans publicité », *journaldunet.com*, 4 décembre 2014.

proposé par le gouvernement. Le média militant *La Relève* a résumé l'ensemble des critiques formulées à l'encontre de notre secteur[22] issues du rapport *Big Corpo*, avec au sommet de l'argumentation la critique de notre modèle de société : « *La publicité, un monopole juteux qui pousse à la surconsommation.* »

En analysant l'ensemble des griefs formulés à l'encontre de nos métiers, on constate leur forte résonance avec des enjeux à la fois sociologiques et d'opinion, qui dépassent largement la question de la communication et du marketing. Néanmoins, tous nous pointent du doigt. Tous les chemins de la défiance mènent à nous. Car le monde se transforme et exige de chaque secteur sa transformation. Un *New Deal* global des opinions et des comportements s'opère et crée pour le secteur de la communication et du marketing un *momentum* qu'il faut savoir voir :

- un monde qui accélère : les échanges, la consommation (*fast fashion* par exemple) et soif d'urgence ou au contraire de « *slow* » ;
- un monde d'hyper-profusion et d'excès : abondance, obsolescence programmée des objets, obésité liée à la surconsommation de produits sucrés/gras, etc ;
- un monde de défiance : envers tous les discours des « sachants » et des représentants des cinq pouvoirs[23] mais aussi de celui des entreprises (de manière moindre à ce jour)[24] ;
- un monde de régulation : normes, labels, législations européennes, etc ;
- un monde d'engagement : pluralité des engagements, du *like* au boycott, en passant par la pétition (75 % des Français ont déjà signé une pétition[25]).

Et à la fin de toutes les argumentations, c'est un fait, nos métiers sont associés à la manipulation : comment amène-t-on autrui à faire

22. Debove L., *op.cit.*, 2020.
23. Législatif, exécutif, judiciaire, religieux et médiatique.
24. Étude CEVIPOF et étude Trust Barometer Edelman.
25. Étude Occurrence pour Social Demain ! 2020.

(consommer, voter, trier...) ce que l'on voudrait le voir faire ? Ce n'est pas un hasard si les auteurs du *Petit traité de manipulation* ont cru bon de préciser dans le titre « *à l'usage des honnêtes gens* »[26]. Par exemple, selon une étude de l'ADEME parue en 2017[27], 88 % des téléphones portables sont remplacés alors qu'ils fonctionnent encore. Face ce fiasco environnemental, mais pas seulement, qui est responsable de quoi ? Les acteurs du marketing en proposant des offres alléchantes pour baisser leur taux d'attrition (phénomène de perte de clientèle ou d'abonnés) ou les consommateurs avides de nouveautés et de « bonnes affaires » ?

WWF France et la pub pour les SUV

En 2020, WWF soulignait dans une étude[28] que les SUV ont constitué, ces dix dernières années, la deuxième source de croissance des émissions de CO_2. Alors que les pouvoirs publics ont fait le choix d'un malus poids qui découragera dès 2022 l'achat des SUV les plus lourds, WWF France pointe encore le trop-plein de SUV dans la publicité.

Sa présidente Isabelle Autissier déclare :

« Les SUV continuent d'occuper une place de premier rang : s'ils prennent d'abord de l'espace dans nos rues, les SUV encombrent aussi l'espace publicitaire au détriment d'autres véhicules d'avenir, légers et très peu émetteurs. Ça ne peut pas continuer ainsi. Pour freiner cette tendance, le gouvernement doit agir en interdisant la publicité pour les véhicules les plus lourds et en la réorientant vers la promotion de véhicules ou de mobilités d'avenir légers et peu émetteurs. »

Encore une fois, frapper au portefeuille ne semble pas suffisant. Il faut s'attaquer à l'image et à la publicité pour l'objet incriminé. WWF prétend même corriger la répartition de la publicité entre véhicules lourds et véhicules légers. Cette approche, pour le peu dirigiste, va à l'encontre des règles du marché. Gageons

26. JOULE R.-V. et BEAUVOIS J.-L., *Petit traité de manipulation à l'usage des honnêtes gens*, PUG, 2014.
27. ADEME, « Des tiroirs plein de téléphones remplacés : consommateurs et objets à obsolescence perçue », Rapport du projet de recherche COOP « Consommateurs et objets à obsolescence programmée », *librairie.ademe.fr*, février 2016.
28. WWF, « L'impact écrasant des SUV sur le climat », *wwf.fr*, octobre 2020.

que lors de la mise en application du malus poids, la régulation du marché se fera d'elle-même.

La question qui est légitime de poser pourrait plutôt être la suivante : y a-t-il un lien de cause à effet entre le fait qu'en 2019 à la télévision les spots publicitaires vantant les mérites des SUV ont cumulé 3 h 50 d'antenne quotidienne (soit l'équivalent de deux matchs de football par jour ou de six journaux télévisés) et le constat que les SUV sont les véhicules les plus vendus en France ? En comparaison, les spots dédiés à la sécurité routière représentent moins de trois minutes quotidiennes à la télévision sur la même période.

Alors, existe-t-il un lien entre le volume publicitaire et les ventes de SUV ? Si l'on répond non, on accuse la publicité d'inefficacité crasse et d'un ROI qui ferait fuir tous les annonceurs. Si l'on répond oui, on assume alors la performance de la publicité et sa capacité à influencer et à convaincre, mais dans le même temps on demande des comptes à la publicité quant à son impact environnemental. Mais en répondant oui, la bonne nouvelle c'est que l'on peut alors, la tête haute, demander à la publicité de porter d'autres messages, plus positifs pour la société.

Les mêmes causes auront alors les mêmes effets. Que se passera-t-il quand nous pourrons exposer la société au même temps (3 h 50 d'antenne quotidienne) sur des offres et des produits à impact positif ?

Reste à savoir qui paiera pour ce volume de communication…

Ce regard sur nos sociétés n'est pas neuf. Relire aujourd'hui le livre de Jean Baudrillard, *La société de consommation*[29], paru en 1970, éclaire notre situation et les enjeux de la communication et du marketing responsables. Pour résumer rapidement, Jean Baudrillard nous dit que la consommation est devenue la morale de notre monde (déjà l'intrusion de la question morale), « la morale de la modernité » : « *Comme la société du Moyen Âge s'équilibre sur Dieu et sur le Diable, ainsi la nôtre s'équilibre sur la consommation et sur la dénonciation.* »

Dès l'introduction, Baudrillard parle d'abondance, d'opulence, de multiplication des objets. Nos médias sont en filigrane partout déjà stigmatisés, de même que le médium publicitaire, notamment

29. Éditions Gallimard.

dans son chapitre « *Mass media*, sexe et loisir ». Ce médium étant pour Baudrillard à l'origine de sa conclusion : la consommation de la consommation ; en vulgarisant, à la source du mythe de la consommation, il y a nos métiers !

> « *Si la société de consommation ne produit plus de mythe, c'est qu'elle est à elle-même son propre mythe. Au Diable qui apportait l'Or et la Richesse s'est substituée l'Abondance pure et simple. […] Notre société se pense et se parle comme société de consommation. […] La publicité est le péan [nda : chant] triomphal de cette idée. Ceci n'est pas une dimension supplémentaire, c'est une dimension fondamentale, car c'est celle du mythe.* »

Et les consommateurs contemporains, qu'en pensent-ils ?

La dernière édition du « Baromètre de la communication responsable 2021 » Greenflex-Ademe est sans appel sur le sujet : 88 % des Français pensent que la publicité les incite à consommer toujours plus… Mais dans le même temps, ils sont 71 % à considérer que la publicité peut avoir un rôle pédagogique sur l'environnement. On retrouve cette ambivalence de nos métiers.

Idem chez les professionnels de la communication et du marketing qui sont pleinement conscients des enjeux : 86 % des dircoms pensent que les questions sociétales vont gagner en importance et vont avoir un impact plus important en termes de risques pour leur entreprise[30] ; 84 % d'entre eux affirment avoir gagné en responsabilité dans l'identification et l'atténuation des risques au cours des derniers mois ; 77 % s'attendent à une plus grande incertitude sur le marché et plus des deux tiers envisagent le fait que leur entreprise sera prochainement confrontée à un risque nouveau qu'elle n'anticipe pas aujourd'hui.

30. Selon une étude menée en 2021 par Kroll, spécialiste du conseil en gouvernance, gestion des risques et conformité, et Crisp, acteur de l'intelligence économique, dédiée à la perception des risques par les dircoms en Europe et aux États-Unis.

Tribune

Maurice Ndiaye | Co-président de l'ADETEM

Le marketing sera responsable ou ne sera pas

Il faut se rendre à l'évidence : le « responsable » est devenu l'horizon universel que l'on donne à toutes les initiatives du moment. Que l'on parle de la consommation, de la finance, de l'économie, de l'éducation ou de la société, pas un jour ne passe sans que l'on affirme que notre salut dépend de notre capacité à engager une transformation vers des pratiques plus responsables. Et le marketing ne fait pas exception à cette règle. Plus encore, n'est-il pas même un élément critique de cette trajectoire, en ce qu'il est à l'interface de multiples acteurs, enjeux et parties prenantes : clients, RH, SI, DAF, fournisseurs, associations, etc. ?

Et si, en effet, la responsabilité dont il est question ici n'était tout simplement pas, s'agissant du marketing, celle de donner l'exemple et de définir les orientations qui permettront collectivement d'œuvrer pour un monde plus juste, plus équitable, plus respectueux et plus durable, quelle que soit la dimension que l'on considère (environnement, parité, égalité des chances, diversité, inclusion, handicap, droits humains, éthique, etc.) ? Nous pensons que oui. S'il n'est pas le seul artisan de ce changement, le marketing dans ses multiples facettes agit sur tous les composants essentiels à notre mutation.

Il agit sur la sélection des fournisseurs, que l'on parle de matières premières, de services ou d'industrie. La stratégie et la vision produit déterminent fortement le cahier des charges des différents aspects de la production de l'entreprise.

Il agit sur l'engagement des salariés et des clients. On parle souvent de symétrie des attentions, et l'on sait à quel point l'expérience client et l'expérience collaborateur sont liées. Expérience client qui plus que jamais est un enjeu majeur du marketing, notamment de par sa contribution critique à la performance commerciale et à la fidélisation.

Il agit sur l'emploi et les compétences, en tirant l'innovation afin de répondre aux nouveaux usages ou pour les créer, et en étant le moteur ou le prescripteur de nombreuses dynamiques de transformation, notamment technologique.

Il agit sur les mentalités, en promouvant des valeurs, en menant des batailles, en défendant des causes, en communiquant différemment.

Il agit sur l'environnement, en orientant pour le meilleur et parfois pour le pire, les conditions de réalisation des produits et services de l'entreprise.

Il agit sur la croissance, en allant chercher de nouveaux marchés, de nouveaux segments, de nouveaux usages qui ouvrent de nouveaux territoires de développement, mais aussi par sa contribution à l'amélioration continue de la proposition de valeur de l'entreprise.

Il agit sur la consommation des ménages, en les éduquant, en les encourageant, ou en les sensibilisant à différents modes de consommation.

Il agit enfin sur les modèles économiques et la création de valeur dans son ensemble, comme synthèse de tous les points précédents.

À nous dès lors d'utiliser cette force et cette position si particulière pour donner une impulsion, mieux un leadership, vers un ensemble de pratiques responsables. À nous d'ouvrir la voie pour devenir collectivement responsables !

Les auteurs du rapport Guibert et Libaert[31] rejoignent également la position de Maurice Ndiaye dans la tribune précédente : la communication peut apporter sa contribution et son savoir-faire face aux enjeux environnementaux de la planète, notamment par un renversement de nos représentations publicitaires, et ainsi opérer une mue : d'une surconsommation nuisible à la planète vers une promotion de produits et de comportements plus sobres et protecteurs de l'environnement. Après leurs auditions des acteurs du secteur apparaît une dichotomie entre communication et marketing, « *l'idée que la publicité et ses représentations doivent jouer un rôle actif pour faire connaître les caractéristiques environnementales des*

31. ARPP, « Rapport sur la publicité et la transition écologique par Thierry Libaert et Géraud Guibert », *arpp.org,* 12 juin 2020.

produits et la manière de les utiliser le plus sobrement possible est loin d'être totalement acceptée. Certains acteurs considèrent en effet que ces actions relèvent plutôt de l'offre de produits de la part des entreprises que de la publicité[32] ».

L'offre produit donc le marketing. On le voit, marketing et communication sont indissociables au regard des critiques formulées et le seront dans les solutions apportées. Ne pas esquiver les critiques, les accueillir comme des « amis qui nous veulent du bien », même si ces derniers peuvent parfois être turbulents.

Agences toxiques et pubeux sulfureux ?

Mais notre secteur n'est pas seulement pointé du doigt pour ces externalités négatives, il l'est aussi pour sa mauvaise image d'employeur. Fait-il bon vivre et travailler aujourd'hui dans la communication et le marketing que l'on soit en agence ou chez un annonceur public/privé ? Les critiques sont connues, documentées et finalement assez stables dans le temps : charrettes et gestion chaotique des horaires, harcèlement moral ou sexuel, salaires indigents au regard des responsabilités et des heures, relations prestataires/clients, maltraitance et fragilisation des freelances qui sont en bout de chaîne de la création de valeur, etc.

Beaucoup d'écrits sont parus, même un roman à succès, *99 Francs*[33], publié en 2000 et qui valut à son auteur, Frédéric Beigbeder, d'être renvoyé de son agence Young&Rubicam. Beaucoup de pamphlets, de tribunes, de dénonciations parfois hâtives. Les réseaux sociaux sont devenus l'espace de déversement de cas réels ou supposés, rarement documentés, voire tout simplement non datés.

32. CIMELIERE O., « La publicité, un acteur responsable de la transition écologique ? », *business.lesechos.fr*, 11 juin 2020.
33. Éditions Grasset et Fasquelle.

Résultat : les cas d'hier ou d'avant-hier se mélangent aux cas contemporains, sans distinction, faisant croire à une surabondance de situations nocives.

Balance Ton Agency (BTA), apparu en 2020 sur Instagram, dénonce les comportements abusifs et les cas de harcèlement en agences de communication (publicité, *corporate*, RP, digitale, etc.). Avec ses 71 000 followers[34], BTA est aujourd'hui presque devenu un média à part entière sur le réseau social. Sa créatrice, alors encore anonyme, déclarait à l'ADN[35] en 2021 : « *Il fallait que les harceleurs et harceleuses arrêtent de se nourrir de notre mal-être* » et d'ajouter « *Peut-être parce que j'ai encore l'espoir de me dire que bien balancer, c'est le début du bonheur. Mais pas seulement le mien. Celui de toutes et tous. Il faut que demain on puisse choisir les agences parce qu'elles sont respectueuses des salarié·e·s qu'elles emploient. Ces agences pourront même se vanter d'avoir des publicitaires qui ne viennent plus chez eux par hasard. Ce serait la totale, non ?* ». En septembre 2021, Anne Boistard dévoilait son identité[36] aux *Échos* à la veille d'une audience au tribunal de Paris. BTA est en effet attaquée par deux agences pour diffamation publique et cyberharcèlement par l'une d'entre elles. Elle contre-attaque pour procédure abusive. L'audience sera finalement reportée au 9 décembre 2021.

Le mouvement ou club[37] Les Lionnes, créé en 2019 et qui regroupe près de 400 femmes, travaille également bénévolement afin de promouvoir, protéger et défendre les droits des femmes publicitaires et communicantes. Paradoxalement, l'association a été créée par Christelle Delarue, fondatrice de l'agence de publicité Mad&Women, qui en a abandonné la présidence après avoir été

34. Chiffre arrêté fin août 2021 : 71 000 sur Instagram et 3 000 sur Twitter.

35. Balance Ton Agency, « Il fallait que les harceleurs et harceleuses arrêtent de se nourrir de notre mal-être », *ladn.eu,* 12 février 2021.

36. Echchihab C., « "Balance Ton Agency" sort de l'anonymat : Anne Boistard se confie », *start.lesechos.fr,* 23 septembre 2021.

37. *www.leslionnes.club*

accusée par plusieurs anciennes salariées de faits de harcèlement moral au travail, de remarques à caractère sexiste répétées ainsi que de « féminisme *washing* » comme le rapportent un article de *Challenge*[38] et un livre[39].

Deux approches combatives, militantes, donc. Cependant, dans le cadre des débats sur ces sujets graves, il convient aussi de toujours vérifier, dater les faits, les témoignages, les anecdotes, en mesurant, en quantifiant et en contextualisant. Un travail lourd, difficile, courageux et long qui n'est pas toujours compatible avec l'immédiateté et l'urgence des réseaux sociaux. Comme souvent, pour ces sujets qui reposent sur des perceptions, des vécus, des sensibilités, des morceaux de vérités éparses, des « cas » réels ou supposés souvent mal datés, il faut objectiver. Il faut ainsi ici remercier l'AACC, avec à sa tête Bertille Toledano[40] et David Leclabart[41], tous deux co-présidents et partenaires de l'association Les Lionnes, pour l'étude « L'État des Lionnes », que le secteur attendait sur le sujet, réalisée avec brio par l'institut OpinionWay en avril 2021[42]. Enfin une étude subtile et robuste ! On voit ici tout l'intérêt de la mesure et de l'objectivation : un sujet qui génère de l'émotion, des luttes, des positions idéologiques mérite une approche sereine et mesurée, dans tous les sens du terme. Et le rapport d'étude l'annonce dès son sous-titre : « *Il n'y a pas de progrès sans mesure* » ! Avec cette étude, la communication est la première industrie à se doter d'un outil de mesure sur les sujets de harcèlement. Sur une période d'un mois, plus de 3 000 femmes et hommes, actuellement

38. Lejeune L., « Pub : Christelle Delarue, figure du féminisme, accusée de harcèlement moral et de "féminisme *washing*" », *challenges.fr*, 3 mars 2021.

39. Lejeune L., *Féminisme* washing. *Quand les entreprises récupèrent la cause des femmes*, Le Seuil, 2021.

40. Présidente de l'agence BETC.

41. Président de l'agence Australie.

42. AACC/L'État des Lionnes/OpinionWay, « Baromètre du harcèlement sexiste, sexuel et moral dans la communication (agences de communication, publicité, média, digital, marketing) », *opinion-way.com*, avril 2021.

en agence de publicité et de communication ou ayant quitté leur dernière agence il y a moins de trois ans (environ 7 % de l'échantillon), ont répondu de manière volontaire à cette consultation. Et selon Bertille Toledano, co-présidente de l'AACC :

> « *La lutte contre le harcèlement est un combat de long terme que nous ne pourrons mener que collectivement. Selon ce baromètre, une majorité des répondants jugent le climat de leur agence actuelle comme serein ou neutre, mais nous sommes conscients du gros travail que nous avons à faire pour que les dispositifs d'accompagnement et de soutien soient à la fois mieux identifiés mais aussi plus performants*[43]. »

Il semble pourtant que notre secteur ait réellement opéré sa mue depuis quelques années. Que certaines poches toxiques existent encore est une certitude, que notre secteur soit toxique de manière systémique, c'est aujourd'hui un chiffon rouge que certains veulent continuer à agiter pour prospérer sur un système de dénonciation, lui aussi, systémique. Que nous apprend cette étude ? En premier lieu, que le secteur de la communication et du marketing n'est pas un vaste océan toxique ! Notamment le résultat très macroscopique et essentiel à la question « Que diriez-vous du climat global dans votre agence actuelle (sans considérer les impacts de la crise sanitaire et économique liée à l'épidémie de Covid-19) ? » La réponse est sans appel : positif pour 92 % de collaborateurs qui considèrent le climat serein (53 %) ou neutre (39 %). Seuls 7 % considèrent qu'il est « inquiétant » ; 7 % c'est toujours trop, mais on est très loin d'un paysage nauséabond et malsain. Par ailleurs, l'étude a le mérite de proposer pour toutes les natures d'agression un questionnement subtil : au présent « dans votre agence actuelle » et sur le passé « dans une précédente agence ». Et là, les chiffres diffèrent[44].

---

43. AACC/L'État des Lionnes/OpinionWay, « Libérer la parole. Savoir ce qu'il nous reste à faire », communiqué de presse, *aacc.fr*, janvier 2021.
44. AACC/L'État des Lionnes/OpinionWay, *op.cit.*, p. 25, avril 2021.

Du simple au double, ou au triple, entre ce que l'on peut appeler le constat actuel et le vécu sur l'ensemble d'une carrière. Il serait donc malhonnête de juger notre secteur aujourd'hui à l'aune de comportements d'hier ! Cela ne signifie pas qu'il faut oublier de traiter les dernières poches malsaines. Ne rien oublier mais ne pas se complaire dans une vision passéiste.

Avez-vous déjà été témoin de pratique de :
Harcèlement moral

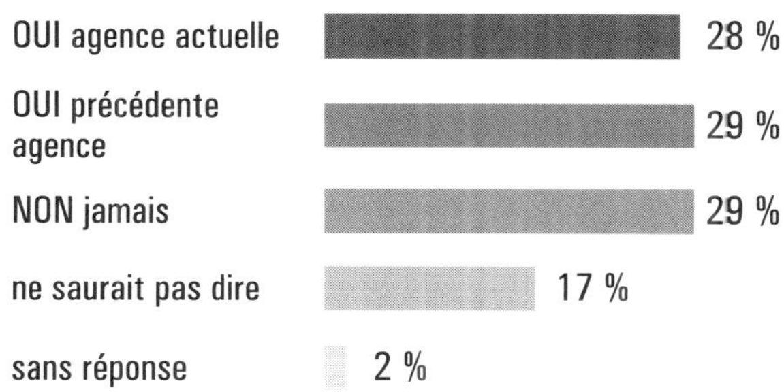

Harcèlement sexuel

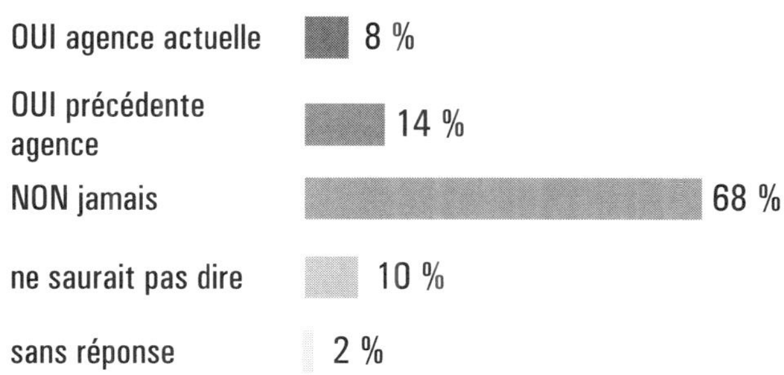

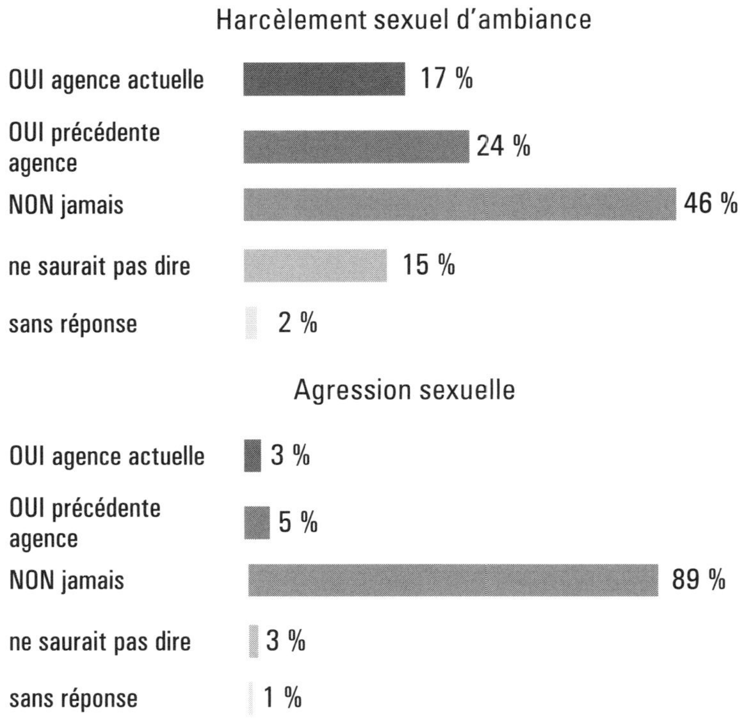

Source : d'après AACC/L'État des Lionnes/OpinionWay, « Baromètre du harcèlement sexiste, sexuel et moral dans la communication (agences de communication, publicité, média, digital, marketing) », *opinion-way.com,* avril 2021.

L'étude indique également que les agences ont progressivement déployé des dispositifs : 60 % des personnes déclarent qu'il existe, au sein de leur agence, des outils de surveillance ou de signalement des comportements à risques. Pour mettre un peu en perspective ces résultats avec des données globales, hors secteur de la communication, analysons l'étude très fiable du Défenseur des Droits[45].

45. Défenseur des Droits, « 10e Baromètre de la perception des discriminations dans l'emploi », *defenseurdesdroits.fr,* 21 mars 2017.

Elle apporte un éclairage intéressant à l'échelle de la France : 23 % des femmes se sentent discriminées du fait de leur sexe et 11 % des Français déclarent avoir été discriminés en fonction de leur origine durant les cinq dernières années... Malheureusement d'autres formes de discrimination sont donc à prendre en compte dans nos démarches.

Mais si l'on veut réellement avancer en matière de responsabilité, la marge de progression de notre secteur réside dans les enjeux de l'équité salariale, d'accès aux postes à responsabilités, d'évolution de carrière. Et là, l'étude de l'AACC et des Lionnes indique qu'il existe d'énormes différences de perception entre les femmes et les hommes sur ces sujets (rappelons qu'une étude d'opinion mesure les perceptions et qu'il conviendrait de mesurer la réalité des pratiques). Là encore, globalement, l'intention semble bonne et majoritaire ; à la question « Pour cette agence, diriez-vous que le sujet de l'égalité et de la parité entre les femmes et les hommes est... ? », 74 % répondent « prioritaire ou important », 9 % « secondaire » et 17 % « le sujet n'est pas traité ». Mais dans les faits, sur la question des salaires, par exemple « Selon vous, l'égalité de rémunération entre les femmes et les hommes est-elle appliquée au sein de cette agence ? », les réponses sont très partagées. Oui à 33 %, non à 22 % et un ventre mou de 45 % qui ne sait pas, ce qui constitue en soi un vrai défaut de communication interne. Dans le même esprit, l'étude testait différents dispositifs (congé paternité, horaires encadrés pour les réunions, aménagement du temps de travail, etc.) et sur tous ces sujets, notre secteur fait encore preuve de très peu de souplesse et d'empathie dans son organisation.

Néanmoins, comme l'étude le montre, le harcèlement sous toutes ses formes subsiste et chaque cas de harcèlement est un cas de trop. La situation est suffisamment inquiétante pour que l'association Com-Ent ait mis en place en 2018, avec un spécialiste du sujet[46], une ligne d'écoute 100 % dédiée au secteur de la communication.

46. ELEAS, un cabinet de psychologues cliniciens.

Son but : accueillir, écouter les personnes qui ont subi un harcèlement moral, un harcèlement sexuel, mais aussi les témoins qui ne savent pas toujours qualifier ce à quoi ils viennent d'assister ; et, enfin, écouter les managers, souvent ni agresseurs ni victimes, mais qui ne savent pas « gérer » ce type de situation. Évidemment, le 0 800 100 334, est mixte. D'ailleurs, le tout premier appel (anonyme) a été celui d'un homme. La majorité des associations professionnelles se sont ainsi jointes à cette initiative et l'étude AACC/Les Lionnes a mesuré un très bon score de notoriété de cette ligne (31 % des collaborateurs de notre secteur en ont déjà entendu parler à peine après deux ans d'existence). Mais au-delà de la ligne d'écoute qui accueille l'urgence, il faut aussi répondre de manière structurelle. C'est le sens de la signature historique d'un accord de branche sur le harcèlement en juillet 2021.

L'enjeu de la communication et du marketing responsables sur la dimension du bien vivre et travailler ensemble est crucial, car il s'agit de la désirabilité et de l'attractivité de nos métiers. Si notre secteur ne sait plus accueillir, recruter et conserver ses talents, il va se paupériser, intellectuellement et financièrement. Notre marché est celui de l'idée, de la créativité, mais aussi de la performance, du ROI, de la data, du numérique. Derrière ces mots se nichent des femmes et des hommes brillants qu'il faut payer, faire grandir et faire vivre dans un environnement protégé.

Si l'exigence est au cœur de nos systèmes de fonctionnement et de management, et qu'elle induit une vraie dose de pression, une capacité à prendre des décisions stratégiques rapidement, elle ne doit pas générer des *burn out* à répétition et à la fin de la journée la fuite, l'exfiltration de nos meilleurs éléments. Si les séniors brillants quittent le secteur et que les jeunes talents ne viennent plus, celui-ci se racornira, s'étiolera et s'évaporera. Une raison de plus pour s'engager dans la révolution de la responsabilité.

Chapitre 4
Éco-socio production des actions de communication

Trop souvent, lorsqu'on évoque la communication et le marketing responsables, le sujet commence et se termine par l'enjeu climatique. C'est probablement la mère des batailles, l'enjeu majeur qu'il ne faut surtout pas se contenter de nommer « réchauffement climatique » – comme le suggère fort intelligemment Thierry Libaert dans son livre paru en 2020, *Des vents porteurs*[1] – mais plutôt chaos, urgence, voire effondrement climatique.

Néanmoins, il me semble essentiel d'y associer étroitement la question sociale. L'un ne peut venir sans l'autre si l'on veut correctement traiter la responsabilité. La question n'est pas de hiérarchiser les injonctions qui se présentent à la porte de notre secteur, et encore moins de les opposer, Il faut donc absolument réhabiliter l'enjeu social de notre métier (nous disons ici social et non sociétal, enjeu que nous aborderons dans le chapitre suivant).

1. Éditions Le Pommier.

1. Une démarche globale

La communication responsable doit faire reposer ses pratiques sur une démarche d'éco-socio conception. Réhabilitons, revendiquons même la question « sociale » qui se compose de multiples facettes. Les métiers de la communication sont des métiers de relations, de mise en relations, de connexions, d'interactions entre des êtres humains. Le « grand public » n'est pas autre chose qu'une collection d'individus, nos parties prenantes sont de vraies personnes, de même que l'écosystème marché (annonceurs, agences, instituts d'études). Nous sommes des animaux sociaux. La qualité, l'éthique avec laquelle nous interagissons ensemble, constitue une valeur cardinale de notre secteur.

Et on oublie la diffusion. Les métiers de la communication sont des métiers de « relations », il s'agit d'exposer la marque, l'entreprise, les dirigeants à des audiences. La diffusion, l'accès des publics à nos contenus, est donc la première des batailles à gagner. Cette diffusion a elle aussi un bilan carbone à assumer. Rappelons-le, il conviendrait dans nos pratiques de bannir les expressions « zéro carbone » ou « décarbonée », ces faux qualificatifs qui pourraient s'apparenter à du *greenwashing*. Aucune démarche de communication, *print*, digitale, vidéo, événementielle, ne peut être conduite sans production de carbone et d'émission de gaz à effet de serre. L'adage est toujours le même : minorer les émissions et compenser le résiduel... Mais compenser de manière éthique et saine, car tous les certificats ne se valent pas[2].

2. La compensation carbone connaît aujourd'hui un nouvel essor grâce à l'engagement pris par diverses entreprises, la sensibilité croissante des citoyens vis-à-vis du changement climatique ainsi que la création du label « Bas Carbone » en avril 2019 par le ministère de la Transition Écologique et Solidaire. C'est dans ce contexte que l'ADEME présente cinq bonnes pratiques pour le développement d'une compensation carbone utile, sincère et fiable. Règle n°1 : faire et rendre public un bilan des émissions de gaz à effet de serre, réduction et compensations. Règle n°2 : choisir des projets de compensation labellisés. Règle n°3 : privilégier des projets présentant des approches « développement durable ». Règle n°4 : définir une juste combinaison de projets soutenus sur le sol national et de projets soutenus à l'international. Règle n°5 : communiquer de manière responsable.

En matière d'éco-conception, la boîte à outils du communicant est quasiment complète : chartes, engagements, formations et outils de mesure – la première étape du triptyque « mesurer, réduire, compenser », pour piloter et engager des démarches de progrès.

5 questions à...

Romain Liberge et Cécile Ribour | Directeur marketing et directrice de la communication MAIF

1. Quelle est votre définition de la communication et du marketing responsables ?

RL : Pour le marketing responsable, je dirais la justesse dans la solution que l'on propose à nos sociétaires (clients). Aller au bon endroit et au bon moment, après avoir identifié le bon problème, et apporter la bonne réponse à la bonne personne.
CR : Pour moi, il y a deux dimensions. D'une part, la communication responsable, c'est faire des choix permanents, en prenant systématiquement en compte l'ensemble des impacts et des parties prenantes sur le long terme, en visant à réduire l'empreinte carbone notamment. Mais l'enjeu pour demain, c'est d'avoir une communication qui porte des messages qui eux-mêmes sont justes. On pourrait même à la MAIF aller un petit peu plus loin en disant que c'est aussi une communication qui incite à changer les comportements pour que chacun puisse être acteur d'une amélioration pour la planète et la société.

2. Quel est l'enjeu du pilotage de cette dimension responsable ?

RL : Nous avons au niveau de l'entreprise un système de pilotage que l'on appelle notre « quadriptyque », avec un ensemble d'indicateurs complémentaires autour de la performance de l'organisation et de l'entreprise, la satisfaction sociétaire, l'épanouissement des collaborateurs et finalement l'impact positif que l'on peut avoir à travers notre activité. Cela se décline ensuite en cascade dans des entités opérationnelles avec des offres à la fois très économiques, mais toujours orientées satisfaction.
Nous essayons de ne pas mettre ces indicateurs en concurrence mais de réaligner tout le monde autour d'une notion simple : la singularité au service de la performance. Donc la raison d'être n'est pas là pour faire joli, elle donne du sens, crée

de la valeur avec un *v* minuscule et un *V* majuscule, de la valeur pour l'organisation, parce que c'est tout de même son objet social, mais aussi de la valeur pour l'environnement, ses écosystèmes, ses parties prenantes.

CR : Piloter, c'est arbitrer. Là où il pourrait y avoir des solutions de facilité, parce que c'est moins cher, parce qu'on va toucher plus de gens, si nous ne sommes pas du tout alignés avec des médias par exemple, alors nous allons faire d'autres choix qui seront assumés. Ainsi, pour nous, la performance ne va pas être regardée uniquement à travers des GRP[3] (*gross rating point*), mais aussi à travers le cadre de diffusion.

Un autre enjeu, c'est d'impulser une dynamique globale : il y a énormément de personnes qui manient la communication à la MAIF, au-delà de la direction de la communication, et il est essentiel d'y associer le plus grand nombre.

3. Pour parler de la marque employeur, de recrutement de talents, dans les équipes communication et marketing, diriez-vous que la dimension responsable de vos pratiques facilite le recrutement ?

RL : Clairement, oui. Je pense que cela irrigue positivement notre marque employeur et nous permet d'aller chercher des talents. Et d'autant plus dans un moment où la quête de sens, de sincérité et de cohérence nous permet de faire venir à nous des femmes ou des hommes qui développeront des carrières chez nous. Le défi le plus important pour l'entreprise, c'est d'être cohérent dans son esprit et ses actes, y compris en expérience collaborateur. On se projette beaucoup plus facilement demain, je pense, dans une trajectoire chez la MAIF, parce qu'il y a derrière un modèle managérial qui est aussi un facilitateur. Par exemple, sur des métiers du design ou autour de la création de contenus, on arrive à faire venir à nous des profils rares sur le marché parce que le projet humain leur parle et est tout aussi important que leur rémunération.

CR : Il y a une question de rémunération effectivement, mais on voit aujourd'hui que les jours de congé, les avantages sociaux, etc.,

3. Le GRP est un indicateur de pression publicitaire.

ne suffisent plus. Je pense que le projet, tout ce que recouvre la marque MAIF en termes de vision pour demain, de projet d'entreprise et de fonctionnement interne, importe plus. Le développement de parcours de carrière, la création et l'internalisation de nouveaux métiers, tels que le design, le *community management*, participent aussi à la possibilité de faire grandir les gens, au fur et à mesure que l'entreprise avance.

4. Prenons un sujet hyper concret mais très universel pour comprendre comment se matérialise une démarche responsable : les objets promotionnels (les *goodies*).

CR : Le sujet des *goodies* est effectivement emblématique, car le fait de distribuer un objet sur un salon est un réflexe. La démarche « zéro *goodies* » est née d'un *brainstorming* des équipes communication, elle est donc portée par une volonté et un engagement partagé. Dans un premier temps, on cherche à faire moins et mieux, on est aujourd'hui passé de 150 références de *goodies* à 10, et ces dernières sont pensées et co-construites avec les utilisateurs de toute l'entreprise. C'est à la fois une conviction et un exemple type sans prétendre donner des leçons. Mais c'est un vrai levier pour faire prendre conscience de l'impact de nos gestes quotidiens sur notre environnement, en embarquant nos publics, nos sociétaires, dans cette dynamique.

5. Sur le champ du numérique, un autre exemple ?

RL : Le champ digital est un terrain de jeu toujours un peu complexe à manœuvrer, parce qu'il est à la fois un remède et un poison. Il y a cette problématique de traçabilité, de surveillance et d'ailleurs c'est ce qu'on peut parfois reprocher au marketing contemporain : il s'agit d'un usage abusif de la donnée pour activer ou acquérir de nouveaux clients. Très concrètement, nous avons récemment redéveloppé notre application mobile. Presque invisible pour les sociétaires, nous avons pourtant utilisé des technologies qui, *by design*, étanchéisent l'accès à la donnée personnelle du sociétaire. Parce qu'on considère qu'à la fin, c'est un coffre-fort que l'on met à la disposition de nos sociétaires. Nous avons voulu tenir cette promesse de la confiance numérique. Et l'on sait qu'un marketing responsable reste un défi assez important.

2. L'éco-conception des outils

À chaque canal ses contraintes singulières de production dans le cadre d'une politique de communication et de marketing responsable. Chaque métier doit se questionner sur sa compatibilité avec les exigences de la transition écologique. Néanmoins, un triptyque essentiel apparaît pour tous les métiers : « mesurer, réduire, compenser ».

La production audiovisuelle

En matière d'évaluation des productions audiovisuelles, Carbon'Clap s'impose comme l'outil de référence. En effet, les émissions d'un tournage (films, séries TV, documentaires ou spots publicitaires...) peuvent varier de 2 à 2 000 tonnes de CO_2 pour une même durée, selon le lieu de production notamment. Ainsi, une fiction tournée en France émet en moyenne 200 tonnes de CO_2.

Le collectif associatif Écoprod[4] a alors développé un calculateur d'empreinte carbone en 2010 à partir de plusieurs expérimentations réelles, en modélisant les émissions carbones de chaque type de production afin de développer un outil logiciel : Carbon'Clap. Celui-ci se veut simple et rapide d'utilisation, c'est pourquoi certaines approximations ont été nécessaires et le résultat des calculs se veut être une évaluation à 30 % près et non une valeur absolue. Le logiciel permet ainsi de comprendre les principaux postes d'émission d'une production et de démarrer une démarche de progrès continue en ligne[5], en évaluant l'impact d'une production « par poste et phase de production » (déplacements, décors, consommations d'énergie...) et en fournissant des conseils pour réduire les émissions de CO_2.

4. Le projet « Écoprod » lancé en 2009, vise à développer des productions audiovisuelles plus respectueuses de l'environnement. Il réunit six partenaires fondateurs : Audiens, TF1, Agence de l'environnement et de la maîtrise de l'énergie (ADEME), Commission du Film d'Ile-de-France, DIRECCTE Île-de-France et France Télévisions.

5. *carbonclap.ecoprod.com*

En 2012, le collectif Écoprod publie son guide de l'éco-production. En 2018, il poursuit son travail de transformation des pratiques du secteur en mettant en place le « Pass Écoprod », une formation pour sensibiliser régisseurs et directeurs de production à l'éco-tournage.

3 questions à...

Charles Drouin | Directeur général de Tulipes & Cie[6]

1. Pouvez-vous nous parler de votre démarche RSE au sein de l'agence Tulipes & Cie ? Qu'avez-vous mis en place et depuis quand ?

C'était lors d'un de nos premiers séminaires, autour de 2010. Cette question du développement durable tel qu'on l'appelait à ce moment-là, était vraiment très présente. Toutes les réflexions nous ont alors amenés à réfléchir avec toute l'équipe au meilleur moyen d'avoir des relations apaisées, de faire des films utiles, avec un vrai intérêt. Et nos clients avaient aussi des messages à transmettre dont on s'est inspiré à travers nos films pour construire notre propre réflexion en matière de RSE au sens global.

Nous avons adhéré à Écoprod en 2013 puis, par chance, nous avons eu plusieurs collaborateurs avec des convictions personnelles fortes. Alors nous avons créé un groupe RSE avec trois collaborateurs de chaque service : production, conseil et administratif. Très vite, on a eu envie d'utiliser Carbon'Clap, l'outil qui permet de calculer l'empreinte carbone, de manière plus systématique sur l'ensemble de nos projets. Cependant, son utilisation au quotidien était quand même très lourde. Nous avons donc repris l'ensemble des éléments de Carbon'Clap en discussion avec Écoprod et l'avons adapté à nos propres métiers pour pouvoir faire nos propres bilans carbones.

Ce bilan est présenté à la fin de nos devis, poste par poste, Tulipes & Cie prenant en charge 50 % de sa compensation et le client le reste. Parfois, certains clients peuvent, en l'occurrence la directrice de l'environnement de Vinci, nous faire des retours très utiles, en nous permettant d'identifier toute la partie numérique que l'on n'avait pas intégrée dans notre bilan carbone, par exemple, y compris avec la diffusion de nos films… Elle nous a ainsi redirigés vers The Shift Project

6. Tulipes & Cie est une agence de communication audiovisuelle.

pour récolter plus de données sur l'empreinte carbone du numérique.

2. Qu'en est-il de la responsabilité d'une agence dans les contenus qu'elle produit ? Vous arrive-t-il d'être en conflit avec vos clients ou de refuser certaines demandes ?

Nous avons fait le choix de ne pas travailler avec un certain nombre d'entreprises, dans le domaine de la vente d'armes par exemple. Parfois on réussit à dépasser nos dilemmes, comme pour l'un de nos clients où nous devions faire un film valorisant un projet pourtant décrié dans la presse.

Un réalisateur avait ses propres convictions, proche de certains opposants. Nous avons alors pensé que cela pouvait être un atout pour le film : grâce aux convictions du réalisateur, nous pouvions intégrer la voix des opposants. Ce principe a permis de faire le tour d'un sujet, d'être plus vrai, moins partial. Et nous pensons que cela peut servir le projet, engendrant un dialogue constructif au lieu de laisser chacun camper sur ses positions initiales. Au-delà, c'est sans doute la meilleure façon de valoriser le projet, avec humilité et vérité. Au final, cela produit un film différent auquel les différentes parties prenantes peuvent adhérer.

3. Est-ce qu'on peut aller jusqu'à dire que la communication forge l'imaginaire d'une société ?

Ce qui est délicat dans un film, c'est qu'on essaie d'avoir quelque chose qui soit réaliste, mais on le pousse un peu plus loin pour que ce soit paritaire par exemple.

Typiquement, dans le monde du BTP, il y a encore sur le terrain beaucoup d'hommes, et la réalité est parfois de 70 % d'hommes et 30 % de femmes. Si on a une dizaine de personnages, il y aura six hommes et quatre femmes. Parce que ce dont on se rend compte, c'est que les films que nous faisons petit à petit deviennent la réalité. Et d'ailleurs, sur les sujets environnementaux, j'ai plusieurs fois eu des situations où la direction était absolument claire sur le fait qu'il fallait aller plus loin. Toute la base en avait envie. Mais les étages intermédiaires freinaient un peu, pris dans un triangle entre l'économie, l'écologie et les délais...

Les films servent aussi à faire bouger toute cette ligne hiérarchique, c'est un moteur pour eux pour changer et aller plus loin. Ils peuvent souvent être très forts en termes d'accompagnement du changement. Prendre conscience d'une réalité, donner envie d'y participer, le film y participe beaucoup.

L'événementiel

Le secteur de l'événementiel a très tôt engagé des démarches RSE de manière concertée et globale. Quelques pionniers, visionnaires et toujours engagés d'ailleurs, ont pris le sujet à bras-le-corps au sein de l'ANAé, l'Association des agences de communication événementielle (aujourd'hui LÉVÉNEMENT[7]). Citons-en deux : Benoît Désveaux (directeur général et membre du directoire de Hopscotch Groupe) et Dan-Antoine Blanc-Shapira (fondateur de l'agence Sensation !).

Les initiatives sont multiples (chartes, formations, etc.) dans le cadre du collectif Éco-événement[8] et sont rassemblées dans un site[9]. Comme le rappelle Dan-Antoine Blanc-Shapira, « *la démarche éco-responsable n'est pas un frein, mais au contraire une opportunité de réinventer notre métier et donc de le rendre plus fort et plus impactant. Rompre avec les habitudes est une façon d'accroître la mobilisation de l'ensemble de l'équipe projet qui s'approprie la démarche pour la porter à son tour* ».

L'élément central de la démarche est l'outil ADERE[10] (AutoDiagnostic Environnemental pour les Responsables d'Événements) qui permet d'accompagner les agences et les directions de la communication ou du marketing dans l'autodiagnostic de leur événement pour identifier et évaluer les principaux impacts environnementaux répartis en huit catégories (alimentation – communication imprimée – communication numérique – lieux, technique et scénographie – déplacements – hébergement – mobilisation – solidarité), que le projet soit en phase

7. *levenement.org*

8. Éco-événement est un collectif composé de sept associations professionnelles de l'événement (ANAé, CSPE, FFM2E, France Congrès, UNIMEV, Synapse et Traiteurs de France).

9. *eco-evenement.org*

10. On compte parmi les membres fondateurs du Collectif pour des événements responsables : l'ADEME (Agence de la transition écologique), l'Association des agences de communication événementielle (ANAé), la Fondation Nicolas Hulot (FNH), l'association Meduli Nature, l'association Mountain Riders et l'Union Française des Œuvres Laïques d'Éducation Physique (UFOLEP). Pour sa nouvelle version, le collectif a été rejoint par le ministère des Sports, l'Agence Sensation ! et le Réseau Éco-événement.

de création ou déjà bien avancé. Il faut également citer l'outil développé par l'UNIMEV (Union Française des Métiers de l'Événement) et le Comité Régional du Tourisme Paris Ile-de-France : le calculateur Cleo[11], en service depuis décembre 2015. Ce calculateur se présente sous la forme d'une plateforme informatique évaluant les impacts des événements et territoires événementiels. Grâce au renseignement de données, les professionnels peuvent produire des reportings estimés ou réels, compilant jusqu'à 72 indicateurs stratégiques, pilotables et valorisables, répartis en trois catégories :

- performance de la rencontre (développements business, scientifiques et réputationnels des communautés rassemblées) ;
- retombées événementielles et touristiques (économiques, sociales et fiscales) pour les territoires ;
- bilan environnemental (empreinte carbone, consommations énergétiques, déchets et initiatives positives).

Cleo propose donc une approche intéressante : croiser impacts environnementaux et ROI !

L'édition papier

La chaîne de l'édition a également été très tôt sensibilisée à la question de sa responsabilité, en premier lieu au travers de la question de la durabilité de sa ressource première : le papier. Autour de cet enjeu, des filières sont apparues ainsi que des labels liés à de véritables démarches d'audit : « PEFC » apparu dès 1999 ou « FSC » créé dès 1993 !

Mais autour de l'enjeu des ressources, la filière a continué son travail minutieux en s'attaquant aux encres[12] (encres végétales moins toxiques), puis à la sensibilisation des acteurs sur les volumes de tirages, les emballages et suremballages des productions éditoriales et, enfin, sur les acteurs de la distribution. Sur ce dernier point,

11. *lecalculateur.fr*
12. Voir CITEO, « Guide de l'éco-encrage », *bo.citeo.com*, mai 2019.

adressons des félicitations au groupe La Poste pour sa démarche RSE pionnière (depuis 2012) très robuste, complète et éthique. La Poste est ainsi le premier opérateur postal à assurer la neutralité carbone de ses offres :

- mesurer : le groupe mesure l'ensemble des émissions de CO_2 liées à ses activités en mettant en œuvre les dispositifs de suivi et de pilotage de sa performance carbone adéquats et efficaces ;
- réduire : La Poste met en œuvre des actions de réduction de son impact carbone lié aux transports, aux bâtiments et à la conception de ses offres (papier et numérique) ;
- compenser : depuis mars 2012, le groupe compense les émissions de CO_2 liées aux activités courrier, colis et express *via* l'achat de crédits carbone générés sur le marché carbone volontaire.

Un outil est particulièrement utile pour les communicants et acteurs du marketing désireux de s'engager dans une démarche plus vertueuse : Paper Metrics®. Celui-ci permet de visualiser directement sur un devis les impacts environnementaux des imprimés et la simulation du montant de l'éco-contribution de sa commande. Paper Metrics® est une solution développée par Écofolio[13] pour rendre l'éco-conception accessible à chacun. En générant automatiquement une série d'indicateurs intuitifs et fiables, il permet de choisir l'option de production des imprimés la plus respectueuse de l'environnement. Comme pour chaque outil, analyser la liste des critères permet de proposer une lecture des enjeux et constitue une feuille de route pour des améliorations (des options alternatives pour réconcilier écologie et économie sur chacune des impressions) ou tout simplement comprendre les enjeux :

13. Pour faire ces calculs, l'outil utilise en priorité la base Impacts® de l'ADEME complétée par la base de données usuelle et reconnue de l'ACV Ecoinvent.

– émissions de gaz à effet de serre : correspond à la quantité de gaz rejetée dans l'atmosphère et qui accroît l'effet de serre, exprimé en kilos de dioxyde de carbone ;
– eutrophisation des eaux : désigne l'impact de macronutriments tels que l'azote et le phosphore sur le milieu aquatique, exprimé en kilos d'azote et phosphore ;
– oxydation photochimique : désigne la formation d'ozone en basse atmosphère qui se manifeste par le *smog* (brume épaisse), exprimé en kilos d'éthylène.

La communication extérieure

Les acteurs de la communication extérieure (les dispositifs OOH et DOOH[14]) se mobilisent, avec en premier lieu, le leader du secteur JCDecaux qui a multiplié les annonces dans ce domaine et promet d'atteindre la « neutralité carbone » pour ses activités en France dès fin 2021[15].

En effet, en mai 2021, JCDecaux lance le premier calculateur d'empreinte environnementale, économique et sociale des campagnes : Empreinte 360[16], disponible dès l'automne 2021 en France, et qui permet d'informer, en toute transparence, les annonceurs – et leurs agences – de l'impact des campagnes qu'ils confient à JCDecaux. Il s'agit donc d'une vision très globale et exhaustive de la responsabilité (pas uniquement la dimension éco-responsabilité). Cet outil

14. OOH = « *Out Of Home* » est l'acronyme anglais utilisé pour désigner la publicité extérieure digitale ou numérique. DOOH = « *Digital Out Of Home* » regroupe, entre autres, les techniques d'affichage digital urbaines et l'affichage numérique *indoor* en centres commerciaux ou aéroports par exemple.

15. JCDecaux est la première entreprise de communication extérieure à rejoindre le RE100 : coalition internationale pour les entreprises mobilisées en faveur d'une production d'électricité 100 % renouvelable

16. JCDecaux, « JCDecaux lance Empreinte 360, le premier calculateur d'empreinte environnementale, économique et sociale de ses campagnes en France », communiqué de presse, *jcdecaux.fr*, 4 mai 2021.

sera également ouvert aux communications des collectivités sur les mobiliers urbains d'information dans sa prochaine évolution. Mais comment cette démarche fonctionne-t-elle ?

JCDecaux a été accompagné par UTOPIES[17] et s'est également entouré d'organismes de certification pour apporter aux villes, aux annonceurs et à leurs agences la mesure la plus exhaustive, pertinente et transparente possible. Au-delà de l'aspect environnemental, Empreinte 360 est le seul calculateur du marché à prendre en compte les mesures d'empreinte économique et sociale des campagnes affichées sur le média JCDecaux. Le calculateur s'applique ainsi aux dispositifs OOH et DOOH, représentant près de 90 % de l'activité de JCDecaux en France : mobiliers urbains (rétroéclairés ou non), colonnes, digital urbain et digital en aéroport, toiles événementielles. La mesure d'impact intègre toutes les étapes de la diffusion d'une campagne une fois celle-ci confiée aux équipes de JCDecaux : de l'élaboration des réseaux jusqu'au désaffichage, en passant par l'impression des affiches, l'expédition et l'affichage. Dès lors, à la demande de l'annonceur, JCDecaux lui communiquera un bilan complet afin de restituer une synthèse macroéconomique de l'impact de sa campagne (ou de son plan de campagne) sur la base de quatre indicateurs clés :

- l'empreinte carbone, exprimée en émissions de CO_2 ;
- l'empreinte eau, exprimée en m^3 ;
- l'empreinte sociale, exprimée en nombre d'ETP (équivalent temps plein) soutenus dans l'économie française ;
- l'empreinte économique, exprimée en euros générés au sein de l'économie nationale.

Par ailleurs, dans une volonté d'informer, de sensibiliser et de responsabiliser ses clients, JCDecaux pourra leur suggérer des pistes

17. Première agence indépendante et *think tank* français (création en 1993 par Élisabeth Laville) sur l'accompagnement des entreprises et des marques qui placent le développement durable au cœur de leur stratégie, et experte de la mesure d'impact global.

complémentaires en vue de réduire encore davantage leur impact sur l'environnement, notamment lors de l'étape de production des campagnes (impression, encres, production, taille de fichier pour le digital, etc.). Enfin, une bonne pratique intéressante et facilement duplicable dans d'autres entreprises : la création d'un comité de déontologie (hebdomadaire) composé de membres du comité de direction France et de la direction juridique qui se réunit pour analyser les campagnes et veiller au respect de la charte interne de déontologie, s'assurant ainsi qu'un message est bien en conformité avec la réglementation en vigueur et les recommandations ou observations formulées par l'Autorité de régulation professionnelle de la publicité.

L'autre grand acteur, Clear Channel, opère le même constat. Les attentes des consommateurs ont évolué avec le confinement et, afin d'anticiper ces changements et engager une démarche, Clear Channel et Iligo (institut d'études) lancent « *Drive to Purpose* », un module en OOH qui mesure l'impact d'une campagne publicitaire sur la perception des valeurs « utiles à la société ». Concrètement, en plus des indicateurs traditionnels d'efficacité tels que la notoriété, la reconnaissance, l'agrément, l'intention d'achat et le capital de marque proposés par Clear Channel dans ses études, huit nouveaux indicateurs évaluant l'utilité sociale et environnementale des entreprises ont été ajoutés au bilan d'efficacité des campagnes du groupe. Ce module permettra également d'accompagner les marques dans leurs prises de parole dans la rue et de mettre en évidence la contribution des campagnes OOH et DOOH aux évolutions des perceptions des urbains sur les enjeux sociétaux. Pour compléter cette démarche, Clear Channel lance de plus une offre verte qui consiste à fournir aux annonceurs une campagne publicitaire en papier recyclé et en encre végétale. L'engagement quantifié est très clair : 20 % d'émission de CO_2 en moins, une consommation d'eau divisée par 2,5, une consommation énergétique divisée par 2 et 80 % de bois économisé.

Désormais, aucun annonceur ou agence ne peut considérer qu'il ne dispose pas d'une solution éco-responsable pour ses campagnes de communication externe : mesure des impacts, conseils, mise en œuvre.

Le cas ADEME contre Cdiscount[18]

L'ADEME (Agence de l'environnement et de la maîtrise de l'énergie) a critiqué publiquement en septembre 2018 une décision du Jury de Déontologie Publicitaire (JDP) sur des publicités de Cdiscount (e-commerce, groupe Casino), reprochant à ce jury professionnel de ne pas avoir condamné des messages incitant à la surconsommation.

« *Force est de constater que le mécanisme d'autorégulation mis en place par la profession publicitaire ne fonctionne pas en matière d'incitation à la surconsommation* », a regretté l'ADEME dans un communiqué.

Plusieurs associations environnementales, dont les Amis de la Terre, Hop (Halte à l'obsolescence programmée) ou ZeroWaste France ont également pointé du doigt ces affiches et estimé qu'il fallait « *une réforme des mécanismes de régulation des contenus publicitaires afin de lutter efficacement contre le gaspillage* ».

« *L'ADEME, par exemple, a démontré que pour fabriquer un téléviseur de 11 kilos, ce sont en réalité 2,5 tonnes de matières et ressources qui sont mobilisées* », a souligné ZeroWaste France.

Pour l'ADEME et les autres associations, les affiches contestées incitaient en effet à une surconsommation, en illustrant un objet du quotidien, comme un ordinateur portable et le message « Mon vieil ordinateur fonctionne encore. Mais un accident est si vite arrivé... », ou encore un écran plat et le message « Je n'ai pas besoin d'un si grand écran. Quoique... j'ai la vue qui baisse ».

18. À partir des articles du *Figaro* du 02/10/2018 et de CB News du 02/10/2018.

Tribune

Isabelle Schlumberger | Directrice générale commerce, marketing et développement JCDecaux

La communication extérieure, partenaire de la transition écologique

Il n'y aura pas de transition sans communication. Transition écologique et communication ne sont pas adversaires, ils sont au contraire partenaires.

En tant que numéro un mondial et national du média de la proximité et des mobilités, il revient à JCDecaux d'accompagner les marques en promouvant des campagnes responsables et en encourageant des modes de vie plus durables. Des innovations récentes accompagnent cette transformation comme le kiosque maraîcher pour un commerce en circuit court, des abribus nouvelle génération tels que l'abribus dépolluant Filtreo® pour contribuer à améliorer la qualité de l'air en ville ou encore l'abribus « Fraîcheur Naturelle » pour lutter contre les îlots de chaleur urbains, ainsi que des points urbains de récupération (PUR), en partenariat avec Citeo pour trier partout, tout le temps.

JCDecaux encourage également les marques à rendre leur achat média plus conscient et plus responsable par le versement d'au moins 1 % du budget média à une cause sociale ou environnementale, œuvrant ainsi à un mouvement mobilisant la publicité comme force positive.

L'impact du réseau publicitaire de JCDecaux (plus de 840 millions de personnes touchées chaque jour dans le monde, 2 Français sur 3 chaque semaine) et sa forte visibilité permettent de contribuer à la prise de conscience collective au bénéfice des changements des comportements, et donner un écho inégalé aux engagements responsables des marques. La présence dans l'espace public va de pair avec la responsabilité.

L'éco-marketing

Le marketing responsable vise à concevoir et mettre en œuvre des produits, des offres, des services *by design* (dès la conception) responsables, c'est-à-dire qui promeuvent un service/produit sans impact sur l'environnement, éthique, équitable, socialement responsable ; mais également pour les autres offres non responsables par nature, qui visent à minorer leurs impacts environnementaux, de la phase de production jusqu'aux usages.

L'Association française du marketing (AFM), qui regroupe des enseignants-chercheurs en marketing, a souhaité apporter sa pierre à l'édifice en élaborant une définition renouvelée du marketing. Pourquoi ? Car les pratiques évoluent, mais aussi parce que *« le terme marketing est devenu, très souvent, péjoratif »*, explique Emmanuelle Le Nagard, professeure à l'Essec et ancienne présidente de l'AFM. « *Même nos étudiants ont parfois une vision négative du marketing ! Avec des critiques paradoxales : le marketing est soit assimilé à de la manipulation, soit considéré comme du vide, du pipeau.* »

Sur son site web[19], l'AFM rappelle ainsi que les définitions du marketing sont nombreuses et ont évolué au fil du temps. Dans les années 1960, le terme se définit assez simplement, mettant l'accent sur la satisfaction des besoins des consommateurs. Mais aujourd'hui, les pratiques et les stratégies se sont complexifiées. Voici, par exemple, comment le *Mercator* (Dunod) dans sa dernière édition définit le marketing :

> *« Le marketing est la stratégie d'adaptation des organisations à des marchés concurrentiels pour influencer en leur faveur le comportement des publics dont elles dépendent, par une offre dont la valeur perçue est durablement supérieure à celle des concurrents. Dans le secteur marchand, le rôle du marketing est de créer de la valeur économique pour l'entreprise en créant de la valeur perçue par les clients. »*

« Nous avons voulu redéfinir ce qui nous semblait être la démarche marketing, qui n'est plus l'apanage de l'univers marchand, mais qui concerne aussi la sphère politique par exemple ou encore les ONG », poursuit Emmanuelle Le Nagard. « *Il nous fallait une définition qui serve de référence et qui permette aussi de définir ce qui n'est pas du*

19. *afm-marketing.org*

marketing. Quand il n'y a pas de création de valeur, quand ce n'est pas équitable, ce n'est pas du marketing. »

La définition proposée : « *Le concept de marketing est une vision spécifique des échanges. Ceux-ci doivent être équitables et impliquer la création de valeur pour chacune des parties prenantes (individus, organisations, institutions).* » Une fois posé ce cadre, les enjeux environnementaux ou sociétaux sont multiples selon qu'il s'agit de produits ou de services :

- choix d'un processus de fabrication à impact réduit ;
- choix de matières premières biosourcées ;
- optimisation de la masse et du volume des objets ;
- optimisation des emballages et de la distribution ;
- prévision d'une durée d'utilisation longue/réparabilité ;
- prise en compte du recyclage et de la valorisation.

Par exemple, MAIF propose, comme tous les acteurs du secteur, une offre de PER (Plan d'épargne retraite), mais s'engage à offrir « *un PER composé à 100 % de supports d'investissement responsables ou solidaires* » avec la garantie que l'épargne est bien investie dans une économie favorable à l'emploi et à l'environnement. Au-delà des arguments marketing classiques (sécurité, frais, etc.), MAIF avance également des arguments chiffrés responsables, par exemple « *ces cinq dernières années, 61 400 emplois ont été créés grâce au Fonds Insertion Emplois Dynamique, en partenariat avec France Active* ».

Même approche engagée dans le programme de fidélité de Decathlon, le Decat'Club, une offre conçue autour d'une stratégie marketing responsable et qui répond à la question : comment gagner des points ? Évidemment de manière classique en consommant des produits mais aussi en « bougeant ». Par exemple, la pratique d'une heure de sport *via* le coach en ligne de Decathlon permet de gagner 100 points, là où 1 euro d'achat en magasin rapporte 10 points. Mieux encore, « agir » en réalisant une action positive pour la planète (achat d'un produit éco-conçu ou d'occasion, réalisation d'une activité éco-responsable proposée en magasin) rapporte également 100 points par action.

Mais la démarche visant à penser son offre et à construire l'ensemble des composantes marketing est aussi un enjeu BtoB.

Ainsi, Elior, multinationale française spécialisée dans la restauration collective et les services, consciente de sa responsabilité économique, sociale et sociétale, fait de la RSE la colonne vertébrale de son action et de ses missions au quotidien dans la restauration collective comme dans les services aux entreprises. Une des nombreuses traductions de cette démarche est le programme « *FoodForGood* ». Comme le rappelle Aurélie Stewart, responsable RSE d'Elior Group : « *Nous avons un rôle actif à jouer pour limiter l'impact carbone des cinq millions de repas que nous cuisinons par jour.* »

Le groupe a pleinement conscience des évolutions des attentes des consommateurs, les convives de ses restaurants, et a donc lancé le Nutri-Score appliqué aux menus dans les restaurants scolaires et les restaurants d'entreprise, puis le Carbone-Score pour offrir une information transparente sur l'impact carbone des recettes. Aujourd'hui, avec l'Éco-Score en phase de test, Elior souhaite être capable de donner une note environnementale aux repas en restaurant. Il s'agit ni plus ni moins que de donner une note globale environnementale aux repas en restaurant, avec à la fois une note de A à E et un code couleur associé. Cet affichage environnemental a pour objectif d'aider et d'encourager le convive vers une consommation alimentaire plus respectueuse de l'environnement. Une approche de la communication et du marketing responsables au cœur d'une stratégie business, comme le résume parfaitement Damien Rebourg, alors dircom d'Elior[20] :

20. Ancien directeur de la communication du groupe Elior, aujourd'hui dircom de TotalEnergies.

« La loi fait qu'aujourd'hui les acteurs de notre secteur sont obligés d'y aller. Mais bien en amont et sans attendre ce cadre juridique, c'est avant tout l'attention portée à nos convives et à nos clients qui nous a motivés à répondre à cette demande croissante. Ce choix en anticipation nous offre un instrument de différenciation puissant qui nous permet d'être en support du business et de répondre à l'enjeu que nous avions identifié au départ : assumer notre position de leader sur le marché et redonner de la valeur à nos offres pour tirer vers le haut l'image d'un secteur depuis trop longtemps perçu comme un marché de commodités. »

L'éco-*branding*

Encore très embryonnaire, l'éco-*branding* mérite tout de même qu'on en dise quelques mots.

En transformant son logo et en abandonnant le fond noir qu'il utilisait depuis 1917 pour le remplacer par un fond transparent, BMW devient un parangon de l'éco-*branding*. Son identité visuelle devient plus responsable écologiquement, l'ensemble des applications (très nombreuses), des productions, des éditions, etc., qui seront réalisées avec ce nouveau logo (et certainement pour des dizaines d'années) seront moins énergivores, consommeront nettement moins de produits, de matière et d'encre. L'éco-*branding* est ainsi souvent lié à l'éco-design pour une appréhension globale de la marque, mais également de ses applications physiques ou spatiales (lieux de vente...), ou expérientielles (pour les consommateurs).

Opter pour un logo en creux plutôt qu'en gras, l'exemple souvent évoqué est le M de McDonald's qui, s'il n'était fait que de contours, permettrait une énorme économie d'encre au regard des millions (milliards ?) d'usages annuels. Sylvain Boyer, directeur créatif de l'agence qu'il a créée, Écobranding, ex-designer (agences Lonsdale, Interbrand), a évalué les impacts positifs d'une transformation de certaines identités visuelles. Conclusions : Nike et sa fameuse *swoosh* (virgule) feraient 25 % d'économies d'encre si ce logo était moins rempli ; pour H&M, ce serait 24 % d'encre en moins ; Coca-Cola, 13 % et donc McDonald's 34 %.

Au-delà de la question de la typographie, c'est toute la charte graphique qui doit être questionnée. En bref, l'éco-*branding*, c'est toute une série de décisions graphiques qui, *in fine*, auront un réel impact environnemental.

L'Empreinte Utile®, c'est quoi ?

Partant d'un constat simple, les marques performantes sont celles qui auront du sens, l'agence CBA crée l'Empreinte Utile® et affiche sa nouvelle mission : accompagner le progrès par le design.

CBA remet ainsi le design au cœur de la vocation de l'agence pour porter le message des marques et dépose la terminologie Empreinte Utile® pour exprimer la tension de chaque marque entre sens et utilité.

En bâtissant un outil de diagnostic avec le cabinet Occurrence, l'agence peut donc, pour chaque marque, attribuer une note – sur 100 – de son Empreinte Utile®. Cette note permet de juger de l'équilibre entre sens et utilité grâce à des critères fondamentaux : *purpose*, notoriété, fonctionnalité, responsabilité, innovation... Cet outil permet à CBA d'établir un constat de départ et de détecter les aspects concrets sur lesquels, par le design, l'agence devra travailler afin de faire progresser la marque. Il lui permet également d'objectiver ses actions et de les mesurer suite à son travail.

L'enjeu est de mesurer la trace mémorable au-delà du produit ou du service vendu. Il s'agit bien ici de dépasser l'objet pour mesurer l'impact de la démarche sur ses publics.

Le sponsoring

Il semble évident, *a priori*, que le sponsoring dans son ADN soit responsable : valorisation de pratiques saines, connexions fortes avec les territoires, mobilisation des collaborateurs et des Français vers davantage de pratiques sportives (le sport comme ascenseur social), intégration forte des diversités, des populations en situation de handicap avec une merveilleuse démonstration lors des JO de Tokyo. Bref, le sport et son financement *via* le sponsoring représentent un enjeu social et sociétal majeur. Le sport nous adresse d'ailleurs un bel exemple de leadership au féminin avec aujourd'hui une gouvernance du sport, dans les trois principales instances, 100 % féminine : Roxana Maracineanu a été nommée ministre en charge des sports, Brigitte Henriques à la présidence du Comité national olympique et sportif français, et Marie-Amélie Le Fur, présidente du Comité paralympique et sportif français.

En 2019, six ONG et trente-quatre députés alertent une nouvelle fois dans une tribune sur les 18 millions de *goodies* distribués qui finissent parfois (souvent ?) dans la nature. Quelque 200 coureurs cyclistes, 2 300 voitures suiveuses, des camions techniques (service d'ordre, secours, presse...), des bus qui parcourent des milliers de kilomètres le long de la « Grande boucle », des hélicoptères, des avions, sans compter les 10 à 12 millions de spectateurs qui se déplacent, en camping-cars ou en voitures, pour admirer la course le long des routes : l'empreinte écologique du Tour est énorme et cette célèbre course illustre bien la difficulté à gérer les effets environnementaux d'événements sportifs majeurs.

Les partenaires Enedis, Vittel et Leclerc ont alors choisi de réaliser l'ensemble du Tour avec des véhicules hybrides. Les moyens de substitutions comme la navette, le train ou les remontées mécaniques sont dès lors également privilégiés en montagne. Par ailleurs, l'organisation est devenue très ferme sur le ramassage des déchets systématique à chaque étape du Tour *via* un dispositif très encadré : mise en place de près de 100 000 sacs-poubelles au bord des routes pour les déchets plastiques. Une matière qui tend à disparaître définitivement sur la Grande boucle. A.S.O (Amaury Sport Organisation) s'est ainsi engagé à supprimer 100 % des emballages plastiques des objets publicitaires sauf pour les produits avec des contraintes hygiéniques. De plus, les entreprises bénéficiant d'une caravane publicitaire sont incitées à la production d'objets plus utiles à base de matières plus respectueuses de l'environnement, sourcées en France ou en Europe.

Plan pour l'environnement du Tour de France

Plan de mobilité durable – Réduire l'empreinte écologique

- 100 % des véhicules en course Skoda de l'organisation pour la première fois hybride.

Plan plastique caravane – Protéger l'environnement

- 100 % des emballages plastiques à usage unique supprimés (hors contraintes d'hygiène).
- 100 % des emballages alimentaires de la Caravane E. Leclerc sont recyclables.

Zones Natura 2000 – Protéger la faune et la flore

- 115 zones naturelles sensibles protégées en 2020.

C'est mon tour, je trie ! – Ramasser, trier et recycler

- 9 coordinateurs environnement permanents pendant le Tour de France.
- 126 zones de collecte des déchets dédiées aux coureurs.
- 100 000 sacs-poubelles en matières recyclées.
- 100 % des gobelets Vittel et Senseo du Village départ recyclés et valorisés.

Muséum national d'histoire naturelle – Promouvoir « le Tour de France de la biodiversité » de nos régions

- 21 clips diffusés sur France Télévisions.

Source : A.S.O., 2020

Le secteur du sponsoring, notamment au travers de la Commission Engagement Responsable, pilotée par Céline Prévost de Sporsora, l'organisation référente des acteurs du sport (créée en 1994), travaille ainsi sur une amélioration constante en matière d'éco-production du sponsoring mais aussi sur les autres enjeux de responsabilité.

En effet, la discrimination et la maltraitance existent encore dans le secteur du sport, le dopage n'est pas éteint, la mixité demeure un combat dans certains espaces de pratique sportive et les grands événements (ou les enceintes sportives) n'ont pas encore tous mué pour être 100 % éco-responsable... Sur tous ces points l'ensemble du secteur peut agir, les sponsors, financeurs, en premier lieu. Certains annonceurs ont même totalement basculé vers le sponsoring responsable.

C'est le cas de Generali. L'assureur a fait de ses « Trophées du sport responsable » depuis 2011 un rendez-vous annuel incontournable afin de promouvoir les actions menées en France auprès d'un public le plus large possible. « *Notre métier de base est de mutualiser les risques, nous avons aussi voulu mutualiser les bonnes pratiques et en faire des exemples pour que d'autres s'en inspirent* », confie Marie-Christine Lanne, directrice communication et engagements sociétaux chez Generali France. Mais la pratique du marketing et de la communication responsables rappelle que la cause, le sujet, l'enjeu peut être juste, il n'en demeure pas moins qu'il faut questionner la manière de faire. Ici, encore une fois, la fin ne justifie pas les moyens.

Parfois c'est le sponsorisé qui tacle le sponsor, comme en témoigne l'action de Cristiano Ronaldo lors de l'Euro de football en juin 2021. Ce dernier a ostensiblement poussé hors du champ des caméras deux bouteilles de Coca-Cola pour prendre une bouteille d'eau. Quelques secondes qui sont devenues une crise pour l'annonceur concerné. Comme l'explique *Le Figaro*[21] : « *Lundi matin, l'action Coca-Cola était passée de 56,18 dollars à 55,24 dollars. Au total, la capitalisation boursière du groupe est passée d'environ 242 à 238 milliards de dollars. Avec son geste, Cristiano a donc écrasé 4 milliards de dollars en 20 secondes.* » Cependant, après quelques mois, le constat est clair : le cours de l'action est remonté et il n'y a eu aucun impact sur les ventes. Plus de peur que de mal pour la marque.

21. Le Figaro, « Cristiano Ronaldo refuse des bouteilles de Coca-Cola, l'action baisse instantanément », *lefigaro.fr*, 16 juin 2021.

Des concerts et compétitions plus responsables ?

Alors qu'une majorité des 1 500 Français sondés[21] disent adopter des comportements responsables au quotidien, beaucoup n'arrivent pas à reproduire ces gestes lors de la pratique d'une activité dans l'un des trois univers étudiés : « *66 % des fans de musique trient au quotidien, mais seulement 33 % arrivent à le faire à l'occasion d'un concert. De même, 75 % des sportifs ont des actions responsables dans la vie courante, mais seulement 25 % dans le cadre de leur passion* », constate Lilith Peper, qui conseille aux sponsors d'intégrer systématiquement une dimension éco-responsable lors de l'activation de leurs partenariats. D'autant que les fans d'une discipline sont les publics les plus réceptifs et exposés à des actions de ce type, directement ou par le biais de retombées dans la presse. Pour aiguiller l'action des marques, Havas Sports & Entertainment partage alors des actions porteuses de sens pour les marques et les sondés, comme éviter le gaspillage alimentaire ou la surconsommation du plastique lors d'un événement.

Tribune

Céline Prévost | Directrice marketing et revenus Courchevel Méribel 2023, administratrice Sporsora et pilote de la Commission Engagement Responsable

Manifeste pour un sponsoring responsable et sincère

Les valeurs éducatives que l'on associe traditionnellement au sport – goût de l'effort, persévérance, respect des règles, *fair-play* – ont naturellement permis aux sponsors de valoriser leurs engagements aux côtés de sportifs et de clubs, amateurs ou professionnels. Même dans le cadre d'approches sponsoring plutôt tournées vers la visibilité et l'impact média, les marques trouvent des actions complémentaires leur permettant d'aborder des sujets d'inclusion, de mixité et d'alimenter leur démarche sociétale. Ces actions ont aussi parfois permis

22. Étude CSA/Havas Sports & Entertainment, "Meaningful Passions", 2021.

d'amortir le choc de scandales et de dérives qui ont pu éclabousser le sport et les sportifs... et faire rester les annonceurs.

Réputation et responsabilité

S'il y a une association naturelle entre sport et programmes sociétaux, est-ce que pour autant ces programmes ne relèvent pas parfois de l'affichage, de la justification, du « *sport-washing* » ? Sans parler de *greenwashing*, puisque les acteurs du sport et leurs sponsors, confrontés à une prise de conscience environnementale de plus en plus généralisée, ont également dû éveiller leur conscience écologique.
Les sports dits *outdoor*, souhaitant préserver leur terrain de jeu, ont naturellement été pionniers sur la question de l'environnement. Mais que dire de la plus célèbre des caravanes publicitaires qui a attendu de subir les critiques pour réagir à contretemps ? À l'heure de la raison d'être, des entreprises à mission, n'attend-on pas que l'on passe d'un objectif de réputation à un impératif de responsabilité, d'un sponsoring d'affichage à un sponsoring d'engagement ?

Cas de conscience

La question de l'acceptabilité devient clé pour aborder la question du sponsoring. Il n'y a qu'à se souvenir du débat soulevé par le refus de la Mairie de Paris de voir Total intégrer le rang des partenaires de Paris 2024. Est-ce que Paris 2024 a les moyens – financiers – de se refuser à pareil sponsor ? Ne doit-on pas intégrer ce type de partenaires afin de les « mettre sur le devant de la scène » et garder un œil sur les objectifs de transformation qu'ils annoncent ?
Mais les acteurs du sport ont eux aussi la question de leur acceptabilité à se poser et de leur avenir pour certains : sports automobiles, organisateurs d'événements à fort impact (qui déplacent beaucoup de personnes des quatre coins du monde)... Je n'ai pas la réponse à ces arbitrages et questions d'avenir. Ma seule conviction : le sponsoring sera responsable ou ne sera pas. Et cette responsabilité sera mesurée à l'aune de la sincérité de sa démarche.

Le numérique

Si une activité de la communication et du marketing suscite des questionnements forts sur sa responsabilité, c'est bien celle du numérique. Au-delà du débat qui occupe notre secteur, le sujet devient en lui-même un enjeu de société et un marqueur de division entre la génération des *boomers* d'un côté, pollueurs depuis leur naissance qui consomment du plastique et prennent l'avion sans se poser de question, et la génération GenZ et les suivantes, consommateurs de *streaming* et d'applis.

Au cœur de tous les métiers, le numérique façonne nos stratégies, modifie en profondeur nos pratiques. La communication actuelle est une sorte de communication OGM, ou devrait-on dire ONM, un « organisme numériquement modifié ». Et cela pour le meilleur et pour le pire. L'enjeu du numérique responsable réside alors dans notre capacité à rééquilibrer le positif et le négatif, en assumant pleinement la naïveté de cette phrase « faire triompher le bien sur le mal ».

Si Internet était un pays, il serait le troisième plus gros consommateur d'électricité au monde, en émettant 1,5 fois plus de CO_2 que le transport aérien[23]. Les vidéos en ligne, évidemment pas toutes le fruit de campagnes de communication, loin de là, émettent plus de 300 millions de tonnes de CO_2[24]. Les vidéos, une fois produites, sont transmises, visionnées sur des plateformes elles aussi consommatrices d'énergie. Et les événements post-pandémie seront probablement hybrides, en partie numériques... La sobriété digitale est donc au cœur des pratiques responsables des acteurs de la communication et du marketing. Disons-le clairement, à rebours des évidences, numériser, digitaliser des dispositifs de communication précédemment en mode « papier » ne constitue pas en soi une démarche responsable.

23. Willot A., « Internet : le plus gros pollueur de la planète ? », *fournisseur-energie.com*, 14 septembre 2021.
24. *Ibid.*

On peut donner plusieurs définitions du numérique responsable et pour nous aider, le collectif Green IT constitue l'espace d'information de référence. Créée en 2004, Green IT est une communauté d'acteurs du numérique responsable qui s'intéresse, entre autres, à la sobriété numérique, à l'éco-conception des services numériques, à la *low tech*, et plus globalement à un avenir numérique alternatif. C'est un lieu de réflexion sur les enjeux de la rencontre entre numérique et développement durable, que l'on appelle couramment le « numérique responsable ». Le collectif propose ainsi, de manière très maline tant le sujet se transforme, depuis sa création, une définition évolutive du numérique responsable. En voici une chronologie simplifiée.

Dans un premier temps, de manière assez pragmatique, on peut définir le numérique responsable comme la « *démarche d'amélioration continue qui vise à réduire l'empreinte écologique, économique et sociale des technologies de l'information et de la communication* ». Mais cette définition oublie l'enjeu des usages, ajoutons donc : « *démarche qui consiste à modérer ses usages numériques et à concevoir des services numériques plus sobres* ». Finalement, le collectif Green IT propose une définition courte qui encapsule davantage l'ensemble des impacts : « *le numérique responsable est le numérique qui respecte le plus possible le Vivant* ». Par le Vivant, on entend les êtres humains (dont les collaborateurs qui œuvrent dans le secteur), la faune, la flore et plus globalement la planète. Le sujet est d'ailleurs très documenté et dispose de beaucoup de publications[25]. Sur cette thématique, l'ADEME propose notamment un des meilleurs documents, simple, pédagogique, engagé dès son titre, court et surtout régulièrement mis à jour (dernière mise à jour en janvier 2021) : *La face cachée du numérique*.

25. Bordage F., *Sobriété numérique*, Éditions Buchet Chastel, 2019 ; Bordage F., *ÉcoConception Web*, Eyrolles, 2019.

Sur la question du numérique, répétons-nous la maxime : « réduire avant tout, compenser quand on ne peut plus réduire ». Néanmoins, il ne faut pas résumer la question de la responsabilité du digital à son impact carbone, on omettrait alors d'autres composantes de sa responsabilité. Évidemment, l'enjeu de responsabilité oblige toujours à questionner les finalités et vient poser cette lancinante question à laquelle toute activité est sommée de répondre : à quoi sers-tu ? Car au-delà des émissions de CO_2, l'enjeu est bel et bien l'utilité de ces activités pour la société : pour le prix d'une tonne de CO_2, quelle utilité le digital offre-t-il à nos métiers ? Comme le rappelle France Num[26] : « *Le numérique irrigue nos temps de vie : travail, transport, loisirs, éducation, formation, vie privée et vie sociale. Bref, cela n'est pas cloisonné. C'est la valeur d'usage qui compte.* » Et les valeurs d'usage sont nombreuses : transfert de données, impression 3D, usine dématérialisée, partage d'informations essentielles, e-santé, etc.

Premier Observatoire de l'impact positif, marqueur digital de l'engagement sociétal des marques

La démarche mérite d'être saluée et les résultats de ce premier Observatoire sont à considérer car ils émanent d'un acteur du secteur. Comme toujours pour chaque professionnel de la communication ou du marketing, deux options : esquiver le problème ou lui faire face et engager une démarche de progrès.

Le digital, dont l'impact économique a été décuplé avec la crise du Covid-19, est réputé socialement vertueux et économiquement durable. Pour analyser et chiffrer en profondeur les relations entre business digital et responsabilité sociétale, Big Youth, une agence digitale du groupe Makheia, avec le soutien du cabinet d'études Occurrence, dévoile les résultats du premier Observatoire de l'impact positif. Celui-ci propose un nouveau regard sur l'impact digital de 29 marques françaises représentatives dans six secteurs clés (automobile, luxe, beauté, télécoms, distribution spécialisée, grande distribution).

26. France Num : le portail de la transformation numérique des entreprises. *francenum.gouv.fr*

L'Observatoire a choisi de se concentrer sur les moyens d'expression propriétaires de ces 29 marques, à savoir leurs sites Internet, évalués selon 45 indicateurs factuels mesurables, analysés par un expert de la thématique, pour donner un score final sur 100 et regroupés en quatre grands critères :

- l'utilisabilité, pour évaluer l'efficacité des parcours utilisateur et leur adéquation avec leurs besoins ;
- l'éco-conception, pour évaluer l'empreinte environnementale de chaque site ;
- l'accessibilité numérique, à savoir la capacité des sites à s'adapter à des publics en situation de handicap ;
- l'efficacité SEO, pour mesurer la performance des contenus de marques.

Le résultat global pourrait se résumer ainsi : peut mieux faire ! Avec un index global de 67 sur 100, le verre semble plus qu'à moitié plein. Néanmoins, ce sont les bons scores de SEO qui permettent d'atteindre ce score honorable. Les critères d'éco-conception sont, quant à eux, à la traîne.

La ressource la plus complète sur le sujet du numérique responsable, qui rassemble la majorité non seulement des enjeux mais aussi des solutions et des bonnes pratiques, reste Green IT. Cette communauté a notamment publié un livre sur les 115 (!) bonnes pratiques de l'éco-conception web[27], mais sur leur site vous trouverez également des analyses sur des sujets souvent « poil à gratter » auxquels il faut oser se confronter (40 000 enfants fabriquent votre smartphone, + 21 % de déchets électroniques en 5 ans, etc.), des formations et de très nombreuses autres ressources (livre blanc, data, etc.).

Aujourd'hui, le numérique responsable, bien qu'étant l'un des impacts les plus quotidiens de nos pratiques professionnelles mais aussi personnelles, n'est pas encore apparu comme un enjeu majeur de préoccupation des Français. Selon l'ONG Digital for the Planet, la pollution numérique est le « *prochain enjeu écologique majeur* »,

27. Bordage F., *op.cit.*, 2019 ; *ecoconceptionweb.com*

mais les Français ignorent encore le principe d'écologie digitale[28]. En effet, l'enquête « Écologie digitale » menée en 2018 par le cabinet d'études et de conseil Occurrence pour l'ONG[29] montre tout d'abord une certaine méconnaissance des sondés sur le sujet puisque 73 % des Français déclarent ne pas savoir ce qu'est l'écologie digitale. Après avoir pris connaissance de ce concept et de ses enjeux, 91 % déclarent en avoir une bonne opinion mais seulement 1 Français sur 4 estime que les entreprises se sont déjà saisies du sujet. Pour Inès Leonarduzzi, CEO de Digital for the Planet, la pédagogie est le premier levier à actionner pour mettre en place une véritable stratégie d'écologie digitale :

> *« On a gagné en pouvoir d'achat ces vingt dernières années, mais perdu en savoir d'achat ; notamment en ce qui concerne le digital. [...] Quand on interagit sur un réseau social ou qu'on achète de l'espace de stockage en* Cloud, *on ne nous dit pas ce que ça coûte réellement à la planète. »*

En revanche, il est en bonne place dans l'agenda des enjeux de l'État et du gouvernement. En effet, plusieurs indices permettent de l'affirmer, comme en témoigne la production et diffusion en mai 2021 du « Guide pratique pour des achats numériques responsables » par la DAE (Direction des achats de l'État) qui, dès la quatrième page, pose les enjeux et le débat. Le numérique s'inscrit également comme un fil d'Ariane dans les 17 objectifs de développement durable de l'ONU[30]. Le guide rappelle notamment trois chiffres : le numérique à l'échelle mondiale c'est 3,8 % des émissions de gaz à effet de serre, 4,2 % de la consommation d'énergie primaire et 0,2 % de la

28. Combe M., « L'écologie digitale, vous connaissez ? », *bercynumerique.finances.gouv.fr*, 24 août 2018.
29. *Ibid.*
30. Nations unies, « Objectifs de développement durable, 17 objectifs pour sauver le monde », *un.org*

consommation d'eau... et une des causes principales des fortes tensions sur les minerais.

Dans le sillage de la loi visant à « Réduire l'empreinte environnementale du numérique en France » (en complément de la loi Climat & Résilience, *cf.* chapitre 1), aussi appelée « REEN » ou « Chaize » du nom d'un des sénateurs à l'origine du texte en janvier 2021, a été créé l'Observatoire de l'empreinte environnementale du numérique, confié à l'Arcep[31]. Laure de La Raudière, présidente de l'Arcep, co-rapporteure avec l'ADEME d'une mission pour objectiver cette empreinte, a ainsi confié au magazine *Stratégies* :

> *« Le gouvernement veut nous confier l'élaboration d'un Observatoire de l'empreinte environnementale du numérique pour les opérateurs et l'ensemble des acteurs du numérique. [...] Les terminaux représentent près de 80 % de l'empreinte (dont environ 13 % pour les terminaux mobiles), contre 5 % pour les réseaux et 14 % pour le* Cloud. *Plus nous comprendrons de façon précise les effets de chaque usage du numérique sur l'environnement, plus nous ferons de la pédagogie, plus nous apporterons de la transparence sur ces enjeux, et plus les utilisateurs seront susceptibles d'adopter des comportements vertueux pour l'environnement dans leurs usages numériques*[32]. »

Selon les travaux d'une mission d'information sénatoriale[33], si rien n'est fait, le numérique serait, à l'horizon 2040, à l'origine de 24 millions de tonnes équivalent carbone, soit environ 7 % des émissions de la France, contre 2 % aujourd'hui. Et le SIG, le Service d'information du gouvernement, donne le ton. Fin 2020, en tant qu'acteur de la transformation numérique de la communication

31. L'Autorité de régulation des communications électroniques, des postes et de la distribution de la presse.
32. La Raudière (de) L., « Nous voulons une régulation par la donnée », interview réalisée par Bonacossa C. et Rochegonde (de) A., *strategies.fr*, 14 juin 2021.
33. Vie publique, « Proposition de loi visant à réduire l'empreinte environnementale du numérique en France », *vie-publique.fr*, 11 juin 2021.

gouvernementale, il développe le Système de Design de l'État[34] qui vise à développer des sites et applications en utilisant des composants prêts à l'emploi. Au-delà de l'aide à la décarbonation des objets numériques, la démarche assure une meilleure accessibilité et ergonomie des dispositifs numériques afin d'améliorer l'expérience des citoyens. Pour se rendre compte de l'enjeu, on parle ici d'environ 20 000 sites publics qui pourraient converger vers cette amélioration. Double objectif donc : d'un côté, faciliter le développement d'interfaces, de sites et d'applications pour les designers et développeurs de l'État et, de l'autre, permettre une cohérence graphique entre les différents sites de l'État et une meilleure expérience utilisateur pour l'ensemble des citoyens.

L'approche globale par campagne

Au-delà d'une vision par canal, la communication doit également porter un regard global sur les impacts de ses activités. Penser campagne et pas uniquement actions éparses.

2020 et 2021 ont vu se succéder les annonces de tous les grands acteurs de la communication et de la publicité. Quelques-unes, notables, démontrent la prise de conscience des acteurs du secteur, pour certains la formulation non seulement d'une vision mais aussi d'objectifs quantifiables, donc d'engagements forts qui devront être mesurés, certifiés, et qui témoignent d'une véritable volonté. Quelques exemples.

Dentsu France lance son outil de mesure de l'empreinte carbone des campagnes publicitaires, développé avec Axionable, cabinet de conseil spécialisé dans l'intelligence artificielle (IA) dite durable. Cette solution apporte une mesure à la fois quantitative et qualitative, et couvre six médias : télévision, radio, digital, cinéma, *print* et affichage. Développé avec les régies, l'outil est centré sur le périmètre

34. *systeme-de-design.gouv.fr*

de la diffusion publicitaire et ce, pour l'ensemble des étapes du processus : stockage, acheminement, diffusion, lecture, etc.

Le groupe Havas, quant à lui, a annoncé viser la neutralité carbone en 2025. On découvre ainsi dans le « Rapport annuel RSE 2020 » le contenu du programme « Havas Impact+ ». Pour y parvenir, Havas entend notamment réduire de 5 % sa consommation d'électricité, faire croître la part d'énergies renouvelables à 25 %, réduire de 20 % sa production de déchets non-dangereux, atteindre 100 % d'utilisation de papier recyclé et/ou certifié, réduire la consommation de papier de 40 % ou encore garantir que la totalité de ses agences disposent de programmes de recyclage.

Publicis opère les mêmes constats : alors que l'impact économique des campagnes de communication est le principal indicateur suivi par un annonceur, Publicis Groupe a décidé de mettre en regard son impact environnemental et sociétal. La démarche commence en France, pays servant de pilote au programme baptisé « *No Impact for Big Impact* ». Concrètement, Valérie Henaff, directrice stratégie et engagement de Publicis Groupe France, affirme l'engagement du groupe : « *Notre standard devient l'éco-communication et nous avons cinq ans pour que 100 % de nos productions répondent à ce cahier des charges et pour réduire nos impacts métier.* » Caroline Darmon, directrice RSE de Publicis Groupe France ajoute : « *Quel que soit le support, de la vidéo au* print *en passant par les sites Internet ou l'événementiel, nous avons des solutions pour les réduire*[35]. »

L'objectif affiché est clair : le bilan environnemental et les impacts sociétaux des campagnes doivent devenir des critères décisionnels incontournables.

35. CBNews, « Publicis lance son programme *No Impact for Big Impact* (NIBI) », *cbnews.fr*, 11 mars 2020.

3 questions à...

Nathalie Pons | DGA en charge de l'engagement et de l'inclusion Havas Paris

1. Quelle est votre définition de la communication responsable ?

Dans la chaîne de valeur de la communication, on parle de responsabilité à quatre moments.
Le premier, c'est quand l'annonceur choisit son agence. Il y a une hétérogénéité totale d'actions et de dynamiques de progrès par rapport à ces sujets RSE entre les agences qui sont labellisées ou non. Nous avons choisi le label « ÉcoVadis » pour lequel nous avons obtenu l'or récemment, et « Agences Actives », le label du secteur pour lequel nous avons obtenu la troisième étoile (AACC et AFNOR). En trois ans, cela nous a beaucoup aidés à structurer notre politique, à savoir où il fallait progresser.
La deuxième étape concerne les messages. Comment s'assurer aujourd'hui que les messages dans une pub sont bien perçus, incitent à un changement de comportement et comment les monitorer ? C'est l'outil sur lequel nous travaillons actuellement.
Le troisième moment est bien sûr la partie production. Avec les bilans carbones des productions, la mise en place de logiques de compensation, le champ est assez riche. Publicis a son système, Havas a son système, et la AACC est en train de développer le sien, mais on a tous conscience qu'il faut maintenant produire de manière plus responsable pour diminuer les impacts.
Enfin, dans la chaîne de valeurs, la dernière étape, ce sont les médias. Parce que tous les plans médias n'ont pas le même impact. Pour cela, Havas a développé un outil qui permet de mesurer le poids carbone des plans médias et d'en informer le client. L'idée, c'est d'en faire un KPI associé à la performance du plan.

2. Concernant les contenus, les messages véhiculés par les campagnes, pouvez-vous nous en dire plus sur cet outil en développement ?

Le gros sujet qui est au cœur d'une agence créative, ce sont les messages. Parce qu'on entend souvent que la communication est puissante, qu'elle a une influence positive sur le comportement des gens, mais il n'existe aucun outil pour mesurer. Nous avons donc mis en place un outil appelé l'« Impact Score », basé sur des études d'opinions et de perceptions.

La première question posée : « Selon vous, cette communication a-t-elle un impact positif, neutre ou négatif

sur tel ou tel sujet clé ? » Par exemple la lutte contre les discriminations, la promotion d'une consommation responsable, la protection du climat, la réduction des inégalités sociales, etc. Et la deuxième question : « Cette communication va-t-elle vous inciter à adopter des pratiques plus responsables dans votre vie ? Oui, non ou pas d'effet ? »
L'idée est d'appliquer cette logique sur toutes les communications publicitaires de l'agence et donc d'auditer 100 % des campagnes. On observe qu'il y a un effet émetteur, c'est-à-dire que si c'est une association ou une campagne sur la vaccination contre le papillomavirus, la performance est meilleure qu'une pub pour une voiture sportive.
Ce qui est intéressant avec cet outil, c'est aussi d'avoir des références sectorielles et ainsi de pouvoir comparer une banque aux autres banques. Cela pourrait être un outil non pas post-test, mais plutôt en amont – au moment de la phase de processus créatif – pour réajuster les messages. L'objectif n'est pas d'avoir des indices qui soient tous à 70 ou 80, mais de pouvoir monitorer le travail créatif de l'agence en fonction du secteur et de voir que l'on est dans une logique de progrès.

3. Le secteur de la publicité est souvent accusé de ne pas être exemplaire en termes de diversité. Qu'en pensez-vous ?

Toutes les agences ont un vrai sujet de diversité, c'est indéniable. Et effectivement, je suis assez convaincue que de la diversité naît la créativité. C'est un sujet qu'on a mis au cœur de la politique de l'agence mais qui prend du temps en termes de mesure des effets.
Nous avons ainsi mis en place des partenariats avec des BTS Communication publics. Nous suivons les promos pendant deux ans, on leur crée un parcours, avec un concours d'éloquence, une mini-agence de pub sur un sujet qu'on leur impose, on les aide à faire leur CV, etc. Ensuite, je vois avec les RH pour en embaucher un ou deux par promo. Nous avons aussi un partenariat avec Les Déterminés[36] qui permet de recruter des créatifs et avec Mouv'up[37] pour d'autres profils au sein de l'agence. Et puis, chaque été, le Secours Populaire nous envoie dix jeunes pour travailler sur un projet créatif.

---

36. *lesdetermines.fr*
37. Mouv'up a pour but de favoriser l'insertion des jeunes issus majoritairement de quartiers prioritaires en luttant contre l'exclusion sociale.

Dans le sillage des agences, ou *vice versa*, les médias eux aussi s'engagent. En matière de communication et de marketing responsables, la question d'être le premier ne se pose pas – éventuellement d'être le pionnier –, il faudra compter les résultats à la fin de la course. En matière de responsabilités, il n'y a que les preuves qui comptent. Citons par exemple deux démarches récentes.

La régie du groupe Canal+, avec Engie et Blue 449, a annoncé le lancement de sa calculette d'impact carbone en TV, cinéma et digital. Le groupe a ainsi exposé son plan de réduction de son empreinte qui passera notamment par une logique d'éco-production, de la compensation menée au Sénégal et au Vietnam, et des efforts sur le stockage de données vidéos. De même, M6 Pub propose aux annonceurs de mesurer l'impact carbone de leur campagne et s'équipe d'un outil de mesure de l'impact carbone de la publicité sur 6Play qui dispose de 16 millions d'utilisateurs mensuels cumulés en 2020. Cette implémentation, déjà disponible, offre la possibilité aux acheteurs de connaître l'impact précis de la diffusion de leurs campagnes sur la plateforme en complément de tous les indicateurs de performance marketing habituellement délivrés.

Au regard du tsunami d'annonces d'initiatives en l'espace de quelques mois, il apparaît clairement que l'enjeu de responsabilités rime aussi avec compétitivité. Les acteurs de la communication et du marketing se sont convertis. Convertis par conviction, par peur de la régulation ou par stratégie commerciale, à ce stade, seule la finalité importe.

Pour encapsuler ces démarches à l'échelle de chaque acteur, l'UDECAM (Union des Entreprises de Conseil et d'Achat Média, association de mise en relation des différents acteurs des médias et de la communication) a développé une démarche globale sur le sujet : une charte engageante associée à un outil de mesure (et à un référentiel solide) opérationnelle en octobre 2021[38]. L'UDECAM a égale-

38. Boulay L., « L'UDECAM annonce une nouvelle charte et la mesure de l'empreinte environnementale des campagnes média », *business.ladn.eu*, 30 avril 2021.

ment annoncé en avril 2021 la mise en œuvre d'une nouvelle charte RSE s'inscrivant dans les engagements de la filière communication en faveur de l'environnement, décidée notamment en soutien au projet de loi Climat & Résilience. Préparé par la Commission RSE de l'UDECAM, ce texte s'articule autour de quatre piliers :

- les conditions de travail ;
- la loyauté des pratiques professionnelles ;
- la responsabilité environnementale des agences ;
- la promotion du développement durable auprès de toutes les parties prenantes.

Par ailleurs, l'UDECAM, en se dotant d'un outil de mesure et de réduction de l'impact environnemental des campagnes média, permettra à toutes les agences et à leurs clients de systématiser la démarche de mesure de l'empreinte environnementale pour mener une analyse objective et rigoureuse des campagnes sur tous les canaux. Afin d'élaborer cet outil, l'UDECAM a retenu la méthode PEF (*Product Environmental Footprint*) qui va au-delà de la seule mesure de l'impact carbone et prend en compte seize critères, tels que la consommation de ressources ou l'impact sur la biodiversité.

Dans l'interstice de ces démarches, sans réellement compenser le carbone des campagnes mais pour au minimum créer des impacts positifs collatéraux, citons les démarches telles que Gooded (depuis 2014). En effet, les prestations de Gooded permettent aux publicités de financer des projets solidaires. À chaque fois qu'une publicité est vue sur leur site ou sur des sites partenaires, un don est généré pour une association. Le modèle est transparent, même s'il peut questionner : 60 % du prix payé par l'annonceur revient aux associations soutenues et 40 % à la structure Gooded. L'objectif ? Améliorer le ROI des campagnes en contraignant de manière responsable et sympathique les internautes à consommer « jusqu'au bout » les campagnes vidéo. Mais on l'aura compris, l'équation devient perverse, car plus on consomme jusqu'au bout, plus l'empreinte carbone est lourde. Le ROI s'oppose à l'impact positif environnemental ou tout au moins à l'axiome premier : réduire avant de compenser.

Dans le même esprit, Viously propose une démarche de redistribution des revenus issus des campagnes vertueuses avec « *Ad for Good*® [39] ». L'acteur vidéo Viously (à la fois régie et *player*) a noué un partenariat avec le label « *Ad for Good*® » afin que les clients de la régie puissent reverser une partie de leurs budgets médias investis chez Viously à une association de leur choix. Pour pouvoir être éligibles, les campagnes devront respecter la charte du label, toute campagne validée sera diffusée avec la mention de contribution de la marque annonceur à l'association de son choix et la présence du label au sein du spot publicitaire vidéo. Viously s'engage par ailleurs à abonder systématiquement à la contribution au don en faveur de l'association, ou du projet de l'association, soutenue par l'annonceur.

4 questions à...

Valérie Martin | Cheffe du service mobilisation citoyenne et médias ADEME

1. Quelle est votre définition de la communication responsable ?

Il faut déjà préciser qu'il s'agit d'un véritable changement dans la façon d'appréhender la communication dans sa globalité.

Dans le « Guide de la Communication responsable », nous avons retenu la définition suivante : « *Une communication plus sensible aux enjeux écologiques, davantage à l'écoute des habitants de notre planète, une communication qui s'interroge autant sur sa manière de délivrer ses messages qu'à leur contenu, une communication qui intègre également la notion d'urgence.* » C'est donc une communication hautement stratégique car elle va dépasser le simple

39. Les marques et les médias labellisés « *Ad For Good*® » sont un nouveau genre d'entreprise qui équilibre sens et profit. Ils s'engagent à tenir compte de l'impact de leurs décisions d'achat média sur la société et l'environnement en reversant au moins 1 % de leur budget média à des causes sociales ou environnementales.

cadre de la communication pour concerner les fondamentaux même de l'organisation.

Pour être plus précise, trois points majeurs caractérisent la communication responsable :

– sur le contenu des messages : la mise en avant d'arguments concrets dans le respect des enjeux environnementaux et sociétaux, et la contribution à la diffusion de nouveaux imaginaires ;
– sur la manière de communiquer : l'éco-socio-conception des outils de communication est très importante pour mettre en cohérence fond et forme ;
– enfin, il ne faut pas oublier d'inclure une dimension plus éthique et une prise en compte de ce qui est lié à la diversité, à l'inclusion, au respect des parties prenantes.

La communication responsable, c'est donc refonder les bases de ce métier et je trouve cela passionnant. Encore trop souvent, nous rencontrons des Monsieur Jourdain de la communication responsable. Mais s'engager dans une démarche de communication responsable ne s'improvise pas ! Comment peut-on communiquer sur les enjeux et les urgences climatiques, de perte de biodiversité, de réduction des ressources naturelles auxquelles nous devons faire face, sans être formé à toutes ces problématiques ? Mettre en place une communication plus responsable, c'est véritablement mettre en synergie à la fois sa compréhension des enjeux liés à la société, une éthique professionnelle et surtout un respect de l'ensemble des parties prenantes pour pouvoir mieux communiquer. C'est aussi savoir dire qu'on ne sait pas. C'est un exercice qui n'est parfois pas simple, dans nos métiers, cela signifie d'être plus dans la nuance tout en gardant la possibilité de générer une envie, un désir. En résumé, il s'agit de communiquer de façon juste, sincère et transparente autour des enjeux qui sont les nôtres. C'est pour cela que la définition de la communication responsable est beaucoup plus large qu'une communication sur les enjeux RSE comme on l'entend encore régulièrement.

Je pense ainsi que le rôle de notre secteur est important car il participe à la fabrication du nouveau méta-récit de la société. C'est un formidable défi ! Le baromètre GreenFlex-ADEME[40] que nous avons publié en juin dernier le montre bien.

40. Greenflex, « Comprendre les attentes de vos consommateurs en matière de consommation responsable », *greenflex.com*

Les personnes interrogées déclarent effectivement que pour elles la communication a un rôle à jouer dans la transition écologique. Mais attention, ils ne sont que 31 ou 32 % à avoir confiance dans le discours des marques. Tout l'enjeu sera de savoir comment les marques vont se saisir ou non de cette problématique de la transition écologique, un enjeu non négligeable surtout à l'heure où les attentes des citoyens-consommateurs sont fortes sur ces sujets et leur regard plus affûté !

2. L'ADEME prend régulièrement la parole pour rappeler aux entreprises qu'elles ne doivent pas parler de « campagne décarbonée », « d'objectif zéro carbone »...

Nous avons publié en avril 2021 un avis de l'ADEME sur ce thème de la neutralité carbone[41], avec une mise à jour le 6 juillet. Il y est clairement indiqué : « *L'objectif de neutralité carbone n'a réellement de sens qu'à l'échelle de la planète.* » Autant il est possible de dire que je contribue à la neutralité carbone planétaire mais pas que je suis neutre en carbone. Quand on voit des produits ou des publicités qui s'affichent « neutres en carbone », sans que bien souvent personne ne parle de la même chose, entre ceux qui ont fait des efforts importants de réduction de leurs émissions de carbone et d'autres qui se contentent de financer des projets de compensation, cela nuit aussi à la confiance qu'on peut avoir dans les marques.

3. Puisque la compensation carbone est un marché, et que son prix est abordable, on peut penser qu'un annonceur aura tendance à faire un chèque pour ne pas s'embêter ?

On constate effectivement ce type d'action, sachant que beaucoup sont encore persuadés que l'action engagée est forte lorsqu'ils compensent leurs émissions, indépendamment de toute action de réduction. Certains ne regardent même pas ce qu'ils achètent vraiment, ni où, ni comment, alors que cela nécessite là aussi des compétences pour évaluer les projets à soutenir. Par exemple, on voit beaucoup d'actions visant à planter des arbres. Mais vous rendez-vous compte du nombre d'arbres qu'il faudrait pour arriver à avoir un effet ? Il est certes important de financer des projets de séquestration du carbone, mais ce n'est pas suffisant.

4. Pour vous, quel doit être le nouveau credo des communicants ?

Sincérité, humilité et transparence. Tout comme le travail avec les

41. ADEME, « La neutralité carbone », *Les Avis de l'ADEME, ademe.fr,* mars 2021.

parties prenantes, parce que cette dynamique d'écoute me paraît également primordiale sur nos sujets. Il y a un métier de communicant. Et nous avons le véritable besoin d'avoir tous les mêmes règles, les mêmes pratiques de professionnels. Avec la communication responsable, les communicants ont la possibilité d'avoir un rôle beaucoup plus engageant, plus intéressant, notamment dans l'interface avec les marketeurs, avec la RSE. Il faut travailler ensemble, tout en étant des vigies : « vous nous dites ça, c'est bien, prouvez-le nous et on va pouvoir mettre en avant ces arguments » plutôt que de prendre pour argent comptant les informations qu'on nous adresse.
Par ailleurs, le nouveau logiciel de la communication responsable crée plus de désirs sur les jeunes talents. Il y a un intérêt, parce que bien sûr que les règles de base du métier restent les mêmes, mais ces dimensions de responsabilité alliées à la dimension de la créativité représentent un challenge motivant. D'où l'importance de la formation, qui est absolument indispensable. Nous avons publié à ce titre en début d'année 2021 avec l'Association des Agences-Conseils en Communication (AACC) un cours sur la communication responsable[40] et nous sommes partenaires depuis septembre 2021 de la première édition de Reboot, l'événement étudiant de la communication responsable.
Les choses bougent donc aussi dans les écoles et c'est très bien. Mais je rappelle une chose : il ne s'agit pas de former seulement quelques étudiants convaincus, qui ont un haut niveau d'étude. Nous devons viser l'intégralité des jeunes pour que cette compréhension des enjeux climatiques et de biodiversité fasse partie de leur ADN et qu'ils puissent ainsi être des acteurs pleins et entiers de la transformation du modèle. Et il est tout aussi important de faire monter en compétences et d'outiller toutes les personnes déjà en activité, que ce soit dans les entreprises, les organisations publiques, les agences, etc.

42. AACC/ADEME, « Cours de communication responsable », *communication-responsable.ademe.fr*, décembre 2020.

3. La dimension sociale

La mesure, la réduction et la compensation des impacts carbones de nos pratiques ne suffisent pas, nous devons aussi repenser nos relations au sein de notre écosystème.

Nous sommes un secteur économique, un marché : la communication représente environ 700 000 emplois directs ou indirects en France[43]. Supposons que nous soyons un biotope : voulons-nous être des prédateurs les uns pour les autres ? Du business oui, mais dans un cadre loyal. C'est ce que demande la norme ISO 26000 : « la loyauté des pratiques ». Des emplois oui, mais avec des relations et des conditions de travail saines et éthiques. Et sur tous ces sujets majeurs, nous n'y sommes pas encore parfaitement collectivement. Dans les relations annonceurs-agences, il est difficile de dire aujourd'hui si les relations sont au beau fixe tant resurgissent régulièrement les questions lancinantes :

– des délais des compétitions qui génèrent (en partie) les fameuses charrettes, sources de stress et de mal-être en agence ;
– du coût des compétitions et de leur non-indemnisation ou d'une indemnisation dérisoire au regard de l'investissement engagé.

Relations annonceurs-agences : une vision non symétrique

Au-delà de leur dédommagement ou non, l'ensemble du processus d'achat des prestations est questionné. Comme pour de nombreux sujets de ce livre, ma principale crispation vient du constat que tout est sur la table et parfois depuis longtemps. Sur la question des relations annonceurs-agences, il faut lire le livre, drôle de surcroît, d'Éric Bentot, patron de nombreuses agences de communication (Tagaro, Éditoria, Humancom), *La vie secrète des appels d'offres*, sous-titré

43. Étude EY réalisée pour le compte de l'UDA et de l'UDECAM auprès de 1 033 entreprises en 2017, « Les investissements en communication des entreprises en France ».

« Ne nous fâchons pas »[44]. Ce livre, édité avec l'association professionnelle Communication & Entreprise (aujourd'hui Com-Ent), est paru en 2013 ! Et tout y était déjà avec humour, dérision et sincérité. Citons quelques titres de chapitre « Pour un choc de simplification ? », « Le bordereau de prix m'a tuer ! », « J'y vais, j'y vais pas », « Fonctions Achats : Docteur Jeckyll et Mister Hyde », etc.

Le juste paiement des prestations et de la valeur ajoutée créée par les agences pose de vraies questions : combien vaut *la* bonne idée ? Pour reprendre une des questions du *best-seller* de Nicolas Bordas, *L'idée qui tue !*[45] : « Qu'est-ce qui différencie une bonne idée d'une "idée qui tue" ? » Tandis que la question que pose la communication responsable est plutôt : « Combien vaut cette idée qui tue et comment la rémunérer avec justesse et justice ? » Combien vaut le fameux « *vous ne viendrez plus chez nous par hasard* » de l'iconique Philippe Michel pour Total qui transformera tout le groupe et pas uniquement sa stratégie publicitaire ? Aujourd'hui, comment rémunérer correctement l'inventeur de « *Carglass répare, Carglass remplace* » ? Ce slogan a été imaginé par l'agence McCann Erickson Bruxelles et Alain Lievens-Demeyere, un surdoué de la musique, en 1985 ! Ces créations ont-elles été inventées en cinq secondes, dans un éclair de créativité pure ou après des semaines, des mois de travail ? Quelle valeur créée pour quel prix ?

Sur ce point, il faut remarquer que le combat est commun entre agence et dircom : nous avons tous intérêt à une juste valorisation de l'impact de nos métiers. Dans ce contexte, le méchant de l'histoire est « le service Achats » qui, il faut en convenir, même s'il s'améliore, a toujours du mal à acheter des prestations intellectuelles.

Depuis des années, les initiatives se multiplient. La belle compétition[46] en est un des symboles forts. Les principales organisations

---

44. Éditions du Palio, 2013.
45. Eyrolles, 2019.
46. *labellecompetition.fr*

représentatives des agences de communication – l'AACC (Association des Agences-Conseils en Communication), l'ADC (Association Design Conseil), LÉVÉNEMENT (ex-ANAé), le SCRP (Syndicat du Conseil en Relations Publics, ex-SYNTEC), l'UDECAM (Union des entreprises de conseil et achat média) – et l'Union des Marques ont souhaité proposer ensemble une démarche nouvelle, une charte visant à créer un cadre toujours plus vertueux aux appels d'offres d'agences, dans le prolongement des guides de bonnes pratiques déjà développés et spécifiques à chacun des métiers d'agence. Ensemble, ils souhaitent entraîner le marché français dans une démarche durable et de progrès, assurant que transparence, responsabilité et sincérité prévaudront dans les processus d'appels d'offres.

L'appel d'offres est un moment clé de la relation entre une entreprise et une agence. Quelle que soit la spécialité de cette dernière, il engage de part et d'autre du temps, des ressources financières, des idées et un savoir-faire très important. Il est à la fois la figure de proue mais aussi le thermomètre de la qualité du « climat des affaires » et, pour reprendre la terminologie de la norme ISO 26000, de la loyauté des pratiques. La charte rappelle les critères, communs à tous les métiers de conseil en communication, qui permettent aux agences et aux annonceurs de témoigner de leur engagement à mener, des compétitions à la fois transparentes, responsables et sincères. Ces principes, et les critères qui les accompagnent, doivent servir de guide à chacun des acteurs pour que, d'année en année, de compétition en compétition, le marché tende vers des pratiques de plus en plus vertueuses. La belle compétition est elle-même une démarche inscrite dans un processus de progrès, ainsi le nombre de signataires et le nombre de critères qui ont été retenus font l'objet d'une communication régulière. Et le constat est aujourd'hui mitigé et témoigne en soi de la difficulté à adresser ce sujet : en effet, après sept années d'existence, seulement une cinquantaine d'annonceurs sont signataires (et parfois certains grands annonceurs sont multi-signataires comme Nestlé qui signe aussi pour Nestlé Grand Froid, Nestlé Purina et Nestlé Waters) face à plusieurs centaines d'agences. On voit donc que la belle intention se heurte à une vision non symétrique des relations. De la vision RSE de relations équilibrées, harmonieuses, osons dire partenariales, voilà qui nous ramène à une vision davantage classique entre des clients et des fournisseurs.

Il en va de même dans le secteur public alors que l'on pourrait croire et espérer que les processus d'appels d'offres publics jouent un rôle de régulateur. Il n'en est rien et trente organisations professionnelles des métiers des arts, du design, de la communication et de l'événementiel lancent au printemps 2021 un appel très solennel : « *Ils disent stop aux appels d'offres de communication non indemnisés*[47] ». Pourtant, en 2014, dans le « Guide des marchés publics de communication » édité par Cap'Com[48], il est rappelé que « *ce travail intellectuel appelle* a minima *une indemnisation* ». Mieux, le Code de la commande publique précise que tout investissement significatif doit déclencher une indemnisation[49]. Pourtant, le constat est sans appel : « *Dans 80 % des appels d'offres, il est demandé de remettre des maquettes, esquisses, pistes créatives, notes descriptives, plans d'actions, etc. Et ce, sans prévoir aucune prime ou indemnité au titre du travail demandé. Pourtant, tout travail mérite rémunération.* » Mais au-delà se pose la question des cahiers des charges imprécis, des consultations pas toujours suivies d'effets, des décisions rarement objectivées et ajoutons une très faible considération des enjeux RSE dans la prise de décision relative aux autres critères, en premier lieu le prix.

47. DELJARRIE B., « Ils disent stop aux appels d'offres de communication non indemnisés », *cap-com.org*, 17 mai 2021.

48. La coopérative Cap'Com met en réseau les professionnels, les élus, les étudiants et tous ceux qui s'intéressent à la communication des collectivités locales.

49. « *Lorsque ces demandes impliquent aux entreprises candidates de fournir des prestations de conception adaptées au seul appel d'offres, alors elles donnent lieu au versement d'une prime* », TA Versailles, 15 juillet 2019, n° 1707597.

Dans cette relation complexe des marchés et des appels d'offres se cache aussi le levier qui serait le plus puissant pour transformer nos secteurs : comment intégrer le critère RSE dans la décision ! Comme le rappelle Jean-Charles Decaux, co-directeur général de JCDecaux dans une tribune publiée dans *Les Échos* :

> *« Selon les données du Parlement européen, le volume d'échange des contrats publics atteint 2 448 milliards d'euros par an, soit plus de 16 % du PIB de l'Union. Bien utilisé, il constitue un outil d'une puissance exceptionnelle pour relever les défis européens : la neutralité carbone en 2050 avec une étape décisive dès 2030. Il faut donc que le droit permette à l'achat public, du communautaire au local, de mieux orienter ses priorités vers des critères de qualité sociale, environnementale, productive, technologique*[50]. »

L'enjeu RSE est systématiquement ou presque demandé mais très rarement considéré comme un critère, si ce n'est déterminant, au moins vraiment important. Produire la prestation en France, ça compte ? Produire des objets de communication avec un impact carbone limité et/ou compensé au sein d'une agence où il fait bon vivre, où les horaires sont respectés et sans management toxique, ça compte ? Nous devons nous mobiliser pour que ces ingrédients commencent à vraiment compter dans les décisions. Une relation agences-annonceurs doit être durable et pour cela reposer sur une relation équilibrée où chacune des parties considère et estime l'autre. Tout cela, ce mariage d'amour, commence lors de l'appel d'offres, ne le ratons pas. C'est le point le plus complexe et qui ouvre un chantier pour nos cinq prochaines années : comment intégrer dans nos processus d'achat l'engagement sociétal des prestataires tout en respectant l'enjeu budgétaire. Cette équation est devant nous…

---

50. Decaux J.-C., « Opinion. La commande publique durable, arme de construction massive », Tribune, *lesechos.fr*, 24 décembre 2020.

Tous ces exemples nous montrent à quel point la relation annonceurs-agences n'est pas totalement apaisée et loin d'une vision totalement loyale des pratiques que nous demande, qu'exige même, la communication responsable.

Balayer devant sa porte

Mais la communication responsable n'est pas qu'un enjeu exogène, il est aussi endogène : nous devons regarder avec lucidité ce qui se passe « chez nous », dans nos organisations agences ou annonceurs. Que se passe-t-il dans nos processus, dans notre management pour que nous soyons autant pointés du doigt : sommes-nous un secteur globalement toxique ? Les charrettes, le harcèlement sont-ils « systémiques » ? Est-ce derrière nous ou devant nous ?

Comme nous l'avons explicité dans le chapitre 3, la situation n'est pas aussi noire que certains souhaiteraient la présenter ni aussi malsaine qu'il y a cinq ou dix ans. Il reste des poches de toxicité majoritairement au sein des agences contre lesquelles il nous faut lutter collectivement. Les annonceurs, en étant les donneurs d'ordre, ont également un rôle à jouer dans l'assainissement de la situation. L'enjeu est important car il vient pointer un aspect important de l'ISO 26000, une des sept questions centrales : les relations et conditions de travail. Pas de marketing et de communication responsables sans apurer totalement nos modes de management et de pilotage, que l'on soit chez l'annonceur ou en agence.

Enjeu environnemental brûlant et existentiel : nos métiers sont-ils tous simplement « compatibles » avec le sens de l'histoire des humains et du monde ? Enjeu du vivre ensemble, existe-t-il encore vraiment un *affectio societatis* dans notre secteur ? Avons-nous la volonté commune de travailler ensemble ? Le marché semble avoir pris en partie la mesure de ces enjeux.

En témoigne la mise en place dès 2016 d'une association autour de la Filière Communication[51] avec à sa tête Mercedes Erra dont la mission principale a été de mettre en œuvre les premiers états généraux de la communication. Le thème de la 2e édition (mai 2021) était en soi tout un symbole pour un secteur qui souhaite s'inscrire dans une démarche de progrès en incarnant le rôle du remède et non du poison : « En quoi la communication est-elle un moteur essentiel de la relance ? »

Les sujets abordés sont multiples et couvrent les champs de la communication responsable : le devenir de la consommation dans la nécessaire transition, l'évolution du modèle des médias, celle de nos interactions avec les acteurs économiques et avec la société dans son ensemble, le rôle de la communication dans la transformation du monde.

Pour aller au-delà, et ne pas demeurer dans un quant-à-soi qui n'est pas tenable ni audible aujourd'hui dans cette révolution de la responsabilité, il faudra ouvrir les états généraux à nos parties prenantes y compris celles qui sont critiques à notre égard. Il faudra, avec elles, identifier nos désaccords et circonscrire notre plus grand dénominateur commun, même s'il est très étroit, et proposer ensemble des solutions.

Nous ne progresserons pas seul. Ou alors, comme le décrit si bien Victor Hugo dans un poème au titre en forme de message, « L'expiation », qui décrit la retraite de Russie des troupes napoléoniennes, nous serons ensemble mais isolés de la société : « *Pour la première fois l'aigle baissait la tête. […] C'était un rêve errant dans la brume, un mystère, […] on était seul.* »

51. Le 21 février 2017, signature du contrat de la Filière Communication par la ministre de la Culture et de la Communication, Audrey Azoulay, et le secrétaire d'État chargé de l'industrie, Christophe Sirugue, ainsi que les organisations professionnelles du secteur de la communication entrant dans le périmètre de la filière.

Chapitre 5
Sincérité et authenticité des messages et des pratiques

Les messages, les contenus, là se trouve le cœur de nos expertises. Nous ne sommes pas des tuyaux neutres, nous sommes concernés par ce qui y circule. Nous ne sommes pas des fonctions « passe-plat ». La communication et le marketing responsables peuvent être légitimement considérés comme le sursaut d'orgueil d'une fonction que l'on avait voulu réduire à des activités exécutantes, logisticiennes, disons-le : à des commodités !

Le secteur se bat pour faire reconnaître sa dimension d'expertise, sa valeur ajoutée. Cette reconnaissance est de plus en plus forte mais elle a une contrepartie : la responsabilité des contenus.

1. Le vrai, le faux et l'éthique

Comme nous l'avons vu, la communication et le marketing sont pointés du doigt pour leur influence néfaste sur notre imaginaire et sur la réalité déformée qu'ils donnent à voir de notre société : diffusion de stéréotypes, propagation d'une surconsommation heureuse, etc. Nous devons donc augmenter notre exigence envers nous-même et nos pratiques. Et là encore, bonne nouvelle, des solutions existent, des entreprises pionnières nous indiquent le chemin. Bref, c'est possible !

Nous devons nous réapproprier, oser revendiquer et évidemment intégrer dans nos pratiques les principes suivants : vérité, sincérité, éthique, accessibilité. Autant de concepts qui peuvent apparaître éthérés, voire un peu mièvres, qui trouvent une réalité opérante dans les principes et les actions de communication et de marketing responsables. Explorons ces grands enjeux de manière pragmatique. La communication et le marketing sont-ils de grandes lessiveuses ?

En regardant le sujet du *greenwashing* de manière globale, il semble se réduire dans nos métiers, en premier lieu, à la publicité pour laquelle nous disposons d'un outil de contrôle et de mesure. Il peut parfois être contesté mais il a le mérite d'être stable dans le temps, ce qui rend valide les évolutions mesurées. Cette mesure, nous la retrouvons dans le bilan 2019 « Publicité & Environnement[1] » conduit par l'ARPP et l'ADEME, qui donne un éclairage plutôt positif de nos pratiques. Deux chiffres pour s'en convaincre : 84,4 % des campagnes étudiées sont considérées comme conformes[2] et 89 % des projets de publicités environnementales soumis à l'ARPP en conseils préalables ont été modifiés. Néanmoins, ces résultats peuvent être lus différemment. En effet, si on les replace dans une perspective de progression, le taux de conformité des publicités environnementales

1. ARPP, « Bilan 2019 Publicité & Environnement », 10e éd., *arpp.org*
2. Étude ARPP, « Image de la personne humaine », *arpp.org*.

chute brutalement : il s'établit à 88,4 % (contre 93,6 % en 2017), atteignant ainsi son niveau le plus bas depuis 2010. Cela révèle un dysfonctionnement de l'autorégulation et une méconnaissance, voire un mépris, des règles déontologiques par les annonceurs et leurs agences.

Notre secteur n'a donc pas « cranté » sa progression et semble retomber dans ses travers. Pour trouver des circonstances atténuantes, une partie de cette régression est peut-être à trouver dans l'élargissement du scope analysé. Car le périmètre de cette démarche d'évaluation est très large (26 000 publicités diffusées en juin, septembre, octobre et novembre 2019) et tend à se rapprocher encore davantage de l'exposition réelle des citoyens aux publicités environnementales. À l'occasion de ce nouveau bilan, le dixième, le périmètre d'analyse a été élargi aux films publicitaires diffusés sur la plateforme YouTube, aux *posts* Facebook, aux bannières web, aux insertions presse et à l'affichage national. Dès lors, la moitié des vidéos publicitaires diffusées sur YouTube et liées à la thématique développement durable ne respecte pas les règles déontologiques. Il y a aussi de nombreux cas de *greenwashing* sur les réseaux sociaux. Un angle mort à combler pour notre système d'autorégulation.

Tribune

Mathieu Jahnich | Consultant-chercheur indépendant en communication responsable et animateur du blog *sircome.fr*

Basket Adidas Stan Smith « 50 % recyclée, 100 % *greenwashing* »

La publicité présente une basket de la marque Adidas, le modèle Stan Smith, qui écrase une bouteille en plastique. Le slogan est en deux parties : « *Stan Smith Forever* » et « *100 % iconique, 50 % recyclée* ». Une mention écrite en plus petit précise : « *Nouvelle Stan Smith dotée d'une tige* Primegreen *fabriquée à partir d'un minimum de 50 % de matériaux recyclés. Tout plastique utilisé sur le pied est recyclé.* »

Le logo de la marque apparaît également à côté d'un logo de forme circulaire sur lequel est écrit « *End plastic waste* », traduit par « *Mettons fin aux déchets plastiques* ». Tout le texte ainsi que le logo de la marque sont écrits en vert, faisant clairement une référence aux enjeux écologiques.

Cependant, l'allégation « 50% recyclée » induit le public en erreur. On ne comprend pas si la moitié des matières qui composent le produit sont recyclées ou si elles pourront être recyclées en fin de vie (et comment ?). La mention écrite en plus petit devrait clarifier le message. Mais ce n'est pas le cas. En lisant la première partie de la mention, on comprend qu'une partie de la basket (la tige) est fabriquée avec au moins 50 % de matériaux recyclés. En revanche, la suite prête à confusion : « *Tout plastique utilisé sur le pied est recyclé* ».

- Faut-il comprendre qu'il y a également du plastique 100 % recyclé dans les autres parties de la chaussure ?
- Est-ce que cela inclut la tige ? Dans ce cas, est-ce 50 ou 100 % ?
- Ou alors faut-il comprendre que tout le plastique pourra être recyclé une fois que la basket sera en fin de vie ? Et comment la marque peut-elle s'engager sur ce que fera (ou pas) la personne qui a acheté le produit ?

La communication de visuels sur les réseaux sociaux accompagnant cette publicité accentue le sentiment de *greenwashing*. Ils mettent en scène la basket avec des éléments naturels (pousse d'arbre, etc.) de nature à induire le public en erreur sur les propriétés environnementales du produit.

Dans son avis rendu en août 2021, le Jury de Déontologie Publicitaire confirme que la publicité Adidas « *Stan Smith Forever. 100 % iconique, 50 % recyclée* » méconnaît les règles déontologiques. L'allégation « *50 % recyclée* » ne permet pas au consommateur de connaître la proportion totale de la chaussure qui est recyclée. Quant au logo « *End plastic waste* », il est également trompeur, car il laisse croire que la commercialisation de ces chaussures constituerait un moyen « *d'en finir avec les déchets plastiques* » alors que le produit n'est pas recyclable.

L'avis détaillé du JDP est à retrouver sur le site : *www.jdp-pub.org/avis/adidas-affichage-plainte-fondee/*

Quoi qu'il en soit, à nouveau, des solutions existent. Pour les acteurs de la communication mais aussi du marketing, l'ADEME propose un outil anti-*greenwahsing* en ligne afin d'auto-évaluer ses campagnes et ses messages. Il s'agit d'un guide de bonnes pratiques d'auto-formation mais aussi – plus pragmatiquement – d'un outil d'auto-évaluation en ligne : *antigreenwashing.ademe.fr*. Cet outil permet d'aider à estimer si la qualité et la teneur de sa démarche de communication, ainsi que son produit ou service, sont suffisantes pour soutenir ses allégations environnementales. Dans le doute, suivez le guide, c'est gratuit. Une bonne routine professionnelle à adopter.

Par ailleurs, aujourd'hui, au *greenwashing* s'ajoutent le *socialwashing*, le *pinkwashing*[3], le *goodwashing* ou encore le *purposewashing*, notamment dans le sillage des raisons d'être frauduleuses rédigées à la va-vite sur un coin de table.

Il n'est dès lors plus possible, comme par le passé, de gloser et de reprendre en étendard, pour décrire nos métiers, la phrase de Jean Cocteau : « *Je suis un mensonge qui dit toujours la vérité* ». La figure de style très utilisée par les acteurs de la communication et du marketing pendant des décennies pour échapper à leurs responsabilités pourrait se résumer à cette phrase : « Oui, je mens quand je communique, mais ce n'est pas très grave car je donne à voir une vérité fantasmée, bien plus belle, bien plus désirable que la réalité » ; ou encore « Excusez-moi par avance pour les clichés, les stéréotypes, les approximations, etc. ». La famille du petit-déjeuner Ricoré[4] n'existe pas, mais qu'est-ce qu'elle est sympa.

3. Le *pinkwashing* est un procédé marketing d'une organisation, d'une entreprise, d'un parti politique, dans le but de se donner une image plus progressiste et engagée pour les droits LGBTQIA+.

4. Publicité « L'ami Ricoré » de 1982, à retrouver sur YouTube.

Bonne pratique

Elior et ses « recommandations » pour une communication responsable

Elior, un groupe fortement engagé dans une approche complète, totalement holistique de la RSE, a engagé la bataille sur le front de la communication responsable. Mais l'envie, la bonne volonté, les convictions et les valeurs personnelles ne suffisent pas. Il faut former les équipes communication et leur donner un cadre, des lignes de conduite. La communication responsable exige aussi une professionnalisation.

Fort de ce constat, Damien Rebourg, alors directeur de la communication du groupe Elior[5], a créé un document synthétique (quelques pages suffisent), très pédagogique : « Recommandations pour une communication responsable », afin de permettre à chaque acteur de la filière communication de progresser dans sa pratique responsable. Il ne s'agit pas d'un classique document d'éléments de langage, ni d'un guide du « quoi dire », mais plutôt « comment mieux le dire ». Le document promeut ainsi l'humilité du discours pour rompre avec les promesses excessives fréquentes et qui conduisent au *greenwashing.*

Exemple :

- À éviter : « *En réduisant ses émissions de gaz à effet de serre, Elior diminuera le réchauffement climatique pour laisser à nos enfants une planète vivable.* » Elior ne peut à lui seul diminuer le réchauffement climatique.
- À privilégier : « *Elior a un rôle à jouer dans l'atténuation du réchauffement climatique. En réduisant ses émissions de gaz à effet de serre, Elior participe au ralentissement du changement climatique.* » Elior indique qu'il suit une voie qui visera à diminuer le réchauffement climatique.

Le document propose par ailleurs d'opérer une grande rigueur dans le discours de l'entreprise : l'attention portée aux mots qui veulent trop affirmer, l'usage d'images confuses, évidemment de preuves insuffisantes ou inexistantes. En quelques pages, le document énonce une forme d'éthique du contenu, par exemple en rappelant que lorsqu'une bonne pratique RSE est le fruit d'une conformité à une loi, cette pratique ne constitue pas une « singularité » pour l'entreprise… et donc qu'il faut explicitement le mentionner !

Véracité des actions (derrière les paroles), proportionnalité du message, humilité des arguments diffusés, clarté du message et du vocabulaire, la communication Elior est au diapason des enjeux et des pratiques de la communication responsable.

5. Aujourd'hui dicrom de TotalEnergies.

2. L'art du faux

Nous devons collectivement mener la guerre au « faux » sur tous les fronts : les contenus faux, les allégations fausses, mais aussi l'achat de « faux amis » sur les réseaux sociaux pour gonfler artificiellement une réputation et dans la foulée l'achat de faux *likes*, faux commentaires, de vraies recommandations par des influenceurs dont on aura omis d'évoquer qu'ils sont payés pour le faire, etc. La pratique est courante et aux antipodes de la responsabilité. Et malheureusement, celle-ci est compliquée à contrôler et le risque (judiciaire) est bénin.

Le faux se propage six fois plus vite et plus profondément que le vrai sur les réseaux sociaux. Une très fiable étude de trois chercheurs[6] du MIT (*Massachusetts Institute of Technology*) publiée dans la célèbre et sérieuse revue *Sciences* de mars 2018 sous le titre choc "*How lies spread*" (« Comment le faux se propage ») confirme nos craintes et vient clore le débat. En analysant 126 000 informations circulant sur Twitter entre 2006 et 2017, diffusées par plus de 3 millions de personnes, les chercheurs ont fait la distinction entre vraie et fausse information grâce à six organisations spécialisées dans le *fact-checking*. Le verdict est sombre : les fausses informations circulent bien plus rapidement que les vraies et touchent un plus large public. Alors que les vraies informations sont rarement diffusées à plus de 1 000 personnes, certaines *fake news* touchent jusqu'à 100 000 utilisateurs et sont davantage retweetées. Pire, les robots (*bots*) sont en partie responsables mais dans une même proportion que les êtres humains.

Pour vous en convaincre très rapidement, lisez le livre de Fabrice Fries, PDG de l'AFP, *L'emprise du faux*[7]. La bataille pour le « vrai » est certainement l'enjeu le plus important des années à venir car

6. Vosoughi S., Roy D. et Aral S., "The Spread of True and False News Online", *Sciences*, 359(6380): 1146-1151, 9 mars 2018.
7. Éditions de l'Observatoire, 2021.

il traverse en le gangrenant tous les autres (climat, démocratie, sciences, etc.) :

> « *Le président Joe Biden, le jour de son inauguration, prononça sur le ton du sermon des paroles d'une banalité confondante et qui pourtant – autre signe que l'heure est grave – marquèrent les esprits : "Il y a la vérité et il y a les mensonges. Chacun de nous, et surtout les leaders, a la responsabilité de défendre la vérité et de combattre les mensonges."* »

Les activités de la communication et du marketing ne se situent pas en périphérie de la propagation du faux, qui nourrit la désinformation et la défiance, elles sont une grande partie du problème. En effet, le faux est un business florissant et très lucratif. Une étude publiée en septembre 2021, réalisée par NewsGuard et Comscore[8], indique ainsi que les sites qui publient des fausses informations engrangent chaque année 2,6 milliards d'euros de revenus publicitaires... Autant d'argent qui n'arrive pas vers les médias honnêtes. Notre secteur doit dès lors se doter d'une tour de contrôle efficace pour orienter les budgets vers les espaces sains et ne pas se reposer, crédules, sur les IA et autres algorithmes de Google ou de prestataires spécialisés. Comme un acteur du BTP est responsable jusqu'au bout de la chaîne du comportement de ses sous-traitants, nous sommes responsables du bon atterrissage de 100 % des publicités.

Nabilla, le bitcoin et la Bourse

Le Monde[9] résume le fait ainsi : « *Dans ce film, la jeune femme vêtue d'un peignoir blanc déambule dans ce qui semble être le couloir d'un hôtel en conseillant à ses "chéris" d'investir dans la monnaie virtuelle. Nabilla recommande surtout*

8. MM, « NewsGuard et Comscore estiment à 1,7 % les dépenses pubs sur les sites de *fake news* », *mm.be*, 29 août 2021.
9. Chocron V., « L'Autorité des marchés financiers met en garde Nabilla, nouvelle gourou du bitcoin », *lemonde.fr*, 10 janvier 2018.

à plusieurs reprises aux abonnés de son compte de passer par un micro-site de trading*, TraderLeBitcoin. "Vous pouvez y aller les yeux fermés", martèle-t-elle. Selon* Capital*, cette structure établie à Andorre n'a que deux mois d'existence et joue le rôle d'apporteur d'affaires pour le courtier eToro, spécialiste chypriote du "*trading *social", qui préconise "l'utilisation de contenu généré par les utilisateurs et par la sagesse des foules, pour pratiquer le* trading *en ligne".* »

L'influenceuse Nabilla Benattia-Vergara a finalement « accepté » de payer une amende de 20 000 euros après avoir été épinglée par la Direction Générale de la Concurrence, de la Consommation et de la Répression des Fraudes (DGCCRF) pour ces faits, mais plus précisément pour ne pas avoir mentionné qu'elle était rémunérée pour cela. Après cette annonce, Bruno Le Maire a réagi sur son fil Twitter : *« Les influenceurs doivent informer leur communauté quand ils sont rémunérés pour faire la promotion de produits. »*

Et la DGCCRF souligne pour l'ensemble des acteurs de ce marché : *« Le défaut d'indication du caractère publicitaire de sa publication (par un logo ou une mention orale ou écrite, par exemple) constitue une pratique commerciale trompeuse à l'encontre de ses abonnés, qui peuvent croire à tort que la promotion de l'influenceuse résulte d'une expérience personnelle positive désintéressée » ;* et d'insister : *« Les publications des influenceurs sur les réseaux sociaux sont [...] susceptibles d'avoir une incidence significative sur le comportement économique des personnes qui les suivent et ne doivent donc pas tromper les consommateurs »*... à bon entendeur.

Un cas isolé ? En 2021, selon une étude de l'ARPP[10], 26,6 % de créateurs sur les réseaux sociaux n'indiquent pas clairement quand une publication est sponsorisée par une marque ou non.

Acheter de faux amis, de faux *likes*, de faux commentaires, de fausses vues (YouTube, TikTok, etc.), de fausses écoutes (Spotify, etc.), de faux avis sur Google, n'a jamais été aussi simple. En tapant « acheter des *followers* » sur Google, vous accéderez à des dizaines d'officines qui vous proposeront tous les services du faux, véritable bûcher des vanités numériques. Peu cher, quasiment impossible à détecter, comme le promet une de ces boutiques : « *Le pouvoir des*

10. AFP/Business Insider, « Un quart des influenceurs n'indiquent pas clairement leurs contenus sponsorisés », *businessinsider.fr*, 13 septembre 2021.

médias sociaux est désormais entre vos mains ! » En écrivant ces lignes, une promotion m'arrive à l'instant : « *500* followers *sur Instagram ne coûtent pas 12,99 € mais seulement 6,99 €* » !

Outre le fait que ces pratiques ne sont pas très éthiques, qu'elles faussent les relations de confiance entre les acteurs et les parties prenantes, chacun de nous, professionnels de la communication et du marketing, doit avoir conscience que nous nourrissons le plus souvent des mafias bien structurées derrière ces entités. Vendre du faux *follower* s'avère beaucoup moins risqué que de vendre de la drogue et les profits sont exponentiels. Et attention : certaines boutiques vous diront qu'acheter des « faux » *followers* (robots, etc.) c'est mal, mais vous proposeront d'acheter de « vrais » *followers*... Non, ce qui n'est pas éthique, c'est d'acheter tout court votre communauté, même si cette puissance de feu du faux peut attiser les convoitises : il est toujours plus simple de générer un fort ROI en propageant le faux qu'en diffusant péniblement le vrai !

L'enjeu de responsabilité doit donc nous conduire à supprimer toute pratique de nature à détériorer les relations entre les entreprises et leurs parties prenantes.

Citons une pratique très répandue et qui se monnaye cher dans notre secteur : l'animation des pages Wikipédia. Cette action peut être réalisée en toute transparence, chacun identifiant parfaitement qui est qui, qui travaille pour qui. Et puis, il y a le côté obscur, une poignée d'agences souvent bien connues dans le secteur qui utilisent des comptes non déclarés pour modifier les pages de leurs clients. Mais ces mêmes structures peuvent tout autant « nettoyer » l'image d'un client que salir celle de leurs concurrents. Ainsi, Wikipédia durcit régulièrement ses conditions (l'encyclopédie en ligne a par exemple rendu obligatoire l'identification des comptes rémunérés) et, avec l'aide de « vrais » bénévoles, fait la chasse aux contributeurs clandestins issus d'agences. Le risque judiciaire est faible, seul le risque du *name and shame* peut-être un garde-fou.

D'ailleurs, ces agences et leurs pratiques font régulièrement l'objet d'articles et d'enquêtes souvent très fouillés comme en témoigne celui de Numerama très documenté et qui cite certaines agences : « Comment des agences de "e-réputation" ont modifié des articles Wikipédia pour leurs clients[11] ».

Néanmoins, dans l'art du faux, la palme revient certainement à la création de faux experts pour écrire de vraies tribunes dans des grands titres de presse. C'est ce qui semble s'être produit lors de la bataille de l'OPA sur Club Med, gagnée *in fine* par le groupe chinois Fosun contre le groupe italien Bonomi. Lors d'une OPA, la bataille est tout autant financière que réputationnelle, chaque camp échange son argumentation pour convaincre les actionnaires de lui confier l'avenir de l'entreprise convoitée et il ne s'agit pas seulement d'augmenter la valeur : la vision stratégique, les perspectives de croissance, même les arguments RSE, comptent.

Pour cela, les agences de communication rivalisent d'activisme : relations presse, contenus dont la publication de tribunes par des experts (économistes, prospectivistes, sociologues, etc.). Or, les médias sont friands de ces contenus faisant de leur titre l'agora dans laquelle se joue une partie de l'OPA. Dans la bataille Fosun/Bonomi, des médias célèbres dont la probité est hors de discussion (*Les Échos*, *L'Express*, *Le Figaro*, *Capital*, *Huffington Post*, *JDN*, *Mediapart* ou *Challenges*) ont donc publié des tribunes d'experts. Le problème, c'est qu'un bon nombre de ces experts n'existent pas. Ou plutôt, ils n'existent que *via* leurs avatars digitaux : ils disposent d'un LinkedIn nourri, d'un compte Twitter actif, on peut y découvrir une carrière bien remplie, des diplômes, des expertises, des références, mais rien n'est vrai, tout n'est qu'illusion. Comme l'a expliqué *Challenges* dans un dossier très bien documenté et complet (dans le sillage de ceux du *JDN* qui a révélé l'affaire), une ou des

11. GAYTE A., « Comment des agences de "e-réputation" ont modifié des articles Wikipédia pour leurs clients », *numerama.com*, 28 mai 2020.

agences de communication ou « d'influence » probablement derrière le dispositif ont été identifiées : « *Un comportement trompeur qui peut peser sur un cours de Bourse, déstabiliser un adversaire ou influencer des décideurs*[12]. » Bref, ces cas bâtissent un mur de défiance entre le monde des médias et nos métiers qui n'en sortent pas grandis.

Répétons-le, notre secteur n'est pas constitué en Ordre comme celui des notaires ou des médecins. Nous n'avons donc pas en notre sein de système de police ou de justice et nous ne pouvons pas exclure un de nos membres, un praticien, un dircom ou une agence, car il serait contrevenu à notre déontologie. De la même manière, un citoyen ou une ONG ne peut pas « saisir » notre ordre pour demander l'examen et une sanction. Notre secteur ne dispose pas non plus d'un droit de retrait, comme il en existe dans d'autres professions telles que les journalistes[13]. Difficile pour un communicant dans une agence de refuser une mission, de s'extraire d'un pitch pour des « raisons personnelles » ou « morales ». On n'imagine mal un dircom refuser de communiquer sur tel ou tel aspect de son organisation. La solution : tenter d'influencer, de faire de la pédagogie, puis finalement, si ses valeurs sont trop malmenées, démissionner. Un peu comme un ministre ; rappelons-nous de la phrase de Jean-Pierre Chevènement : « *Un ministre ça ferme sa gueule ou ça démissionne.* » Disons qu'un communicant doit alerter, tenter de démontrer, expliciter les risques d'opinion avant une annonce ou la diffusion d'un message… Mais à la fin, l'équation revient à celle du ministre.

Si la transparence ne semble pas un objectif possible ni même souhaitable pour les communicants et les professionnels du marketing

12. Calixte L., « Le scandale des fausses tribunes a-t-il saboté l'OPA du Club Med ? », *challenges.fr,* 14 janvier 2015.

13. « *Le journaliste salarié peut prendre l'initiative de la rupture de son contrat de travail sans qu'elle lui soit imputable, autrement dit, il a le "droit de partir" de son entreprise de presse moyennant une indemnité de licenciement* » (Arrêt de la cour de Cassation du 17 avril 1996, Art. L. 761-7-3).

(confidentialité, R&D, innovations, etc.), la sincérité, l'authenticité, l'éthique des messages et des offres constituent des piliers sur lesquels fonder la communication responsable. Certaines lois nous y contraignent (*cf.* chapitre 1), des chartes (nombreuses) émanant des syndicats, associations, fédérations professionnelles nous guident, pour la publicité, l'ARPP nous donne un cadre d'autorégulation, mais le dernier rempart, le dernier « outil » à la disposition de chaque acteur de nos métiers, reste l'éthique. Car « *l'éthique c'est l'esthétique de dedans*[14] », comme le dit le poète Pierre Reverdy. Il nous faut alors travailler tous ensemble pour qu'à la fin ce soit beau *dans* la communication et le marketing, à l'intérieur, tout au fond.

Pour clarifier la dimension « praticienne » de l'éthique : c'est, par exemple dans les relations avec les médias, s'interdire toute mesure de rétorsion publicitaire consécutive à un article de presse défavorable à son entreprise, sa marque ou son dirigeant, ou bien encore ne jamais négocier l'obtention d'un article en échange d'un achat d'espace publicitaire. Ces pratiques sont quasi invisibles et incontrôlables par la loi, par les systèmes d'autorégulation du marché, reste donc l'éthique de chaque individu face au risque réputationnel. Il faut s'en remettre à l'intime conviction de chacun et à la petite voix qui nous dit « c'est mal ».

C'est sur ce constat que la principale association de communicants en France, Com-Ent (Communication & Entreprise) a conçu et lancé en septembre 2021, le « Serment des communicants et communicantes responsables ». Chacun peut ainsi s'engager individuellement en prêtant serment virtuellement.

14. Reverdy P., *Le livre de mon bord*, Mercure de France, 1989.

Le Serment des communicants et communicantes responsables

Pour une communication agissante et utile

1. Efficience et sobriété

J'utiliserai de manière appropriée les canaux de communication à travers des plans de diffusion ciblés et sobres.

J'engagerai une réflexion sur l'utilité et l'impact environnemental et sociétal des actions de communication proposées selon les publics.

2. Pédagogie et clarté

Je transmettrai des informations compréhensibles et contextualisées.

Je communiquerai des informations adaptées aux spécificités de mes publics.

Je favoriserai l'accès à la connaissance et à la compréhension de mon métier et le partage des bonnes pratiques.

Au sein de mon organisation, je mettrai tout en œuvre pour renforcer la confiance dans la fonction communication et sa valeur ajoutée pour l'ensemble des parties prenantes.

3. Conseil et alerte

Je porterai attention aux enjeux de société et aux besoins des publics dans toutes les actions de communication proposées ou réalisées.

Je signalerai toute dérive ou impact négatif.

4. Sincérité et éthique

Je communiquerai les faits et les chiffres à bon escient et sans les déformer.

Je prendrai en compte tous les avis éclairés dans mes choix de communication, en travaillant avec les parties prenantes concernées.

5. Humilité

J'aborderai dans mes projets tant les réussites que les axes de progrès.

Face aux avis négatifs, je m'efforcerai de répondre et d'engager le débat.

6. Durabilité et cohérence

Je prendrai uniquement des engagements que je suis capable de tenir ou que je sais mon entreprise capable de tenir.

Je suivrai et informerai sur leur évolution sur le long terme.

7. Inclusion

Je veillerai à l'accessibilité de mes communications pour toutes et tous.

Je favoriserai une communication non discriminante et non stéréotypée.

J'inclurai toutes les opinions judicieuses même si elles ne correspondent pas à mon point de vue.

Source : Com-Ent, « Le serment d'Hippocrate adapté au monde de la communication ! », *com-ent.fr*

3. L'accessibilité, gage de crédibilité et de confiance

Être pleinement responsable du message, c'est donc être responsable de sa vérité mais également de son accessibilité. La communication responsable doit ainsi viser à rendre ses contenus accessibles au plus grand nombre.

L'accessibilité la plus universelle possible des communications est régulièrement un oublié du champ de la communication responsable. On considère trop souvent comme un acquis, une évidence, « je suis, je publie donc je suis reçu ». Nous sommes pourtant très loin de cette vision idyllique. Car l'accessibilité comporte deux dimensions, une dimension très technique, pragmatique, et une dimension linguistique, c'est-à-dire qu'est accessible un contenu compris du plus grand nombre.

L'accès se joue beaucoup aujourd'hui dans le numérique : contenus ou outils web, mobile, *e-learning*. Des règles existent alors et sont répertoriées dans le *Web Content Accessibility Guidelines* (WCAG[15]). Sur la base de ces principes, vous pouvez, voire devez, labelliser vos sites ; par exemple, avec le label « *AccessiWeb* » (or, argent ou bronze) qui est une procédure contractuelle établie entre l'association BrailleNet et un propriétaire de site web. En février 2019 le site de la SNCF, dédié à l'expérience client, avec notamment l'information

15. La troisième mise à jour a été opérée en 2018.

« voyage en temps réel » et la présentation des offres de l'ensemble du groupe (pour une audience de plus de cinq millions de visiteurs par mois en moyenne), se voyait ainsi labellisé « argent ». L'équipe de la SNCF a d'ailleurs à cette occasion évoqué de manière pertinente l'enjeu : « *À l'heure du "tout" digital ou presque, l'accessibilité numérique pourrait être optionnelle ou difficile, mais les équipes de la SNCF ont relevé le défi et c'est dorénavant une évidence et un enjeu pour le groupe SNCF.* » Comme l'explique très bien le cabinet spécialisé Atalan dans une vidéo très pédagogique (en 2 minutes 30 vous comprendrez tous les enjeux[16]) : « *les règles d'accessibilité, bien que pensées pour les personnes ayant un handicap, bénéficient à tous* ». Meilleur référencement, simplification des interfaces, amélioration du confort de visite et de l'utilisabilité.

Le secteur public, les administrations, ne sont pas en retard sur ce sujet et disposent également d'un outil, le Référentiel Général d'Amélioration de l'Accessibilité (RGAA). Le WCAG et le RGAA sont ainsi « connectés » : le RGAA permet de contrôler l'accessibilité d'un site et de ses contenus suivant les normes internationales de l'accessibilité numérique connues sous l'appellation de WCAG, mais le RGAA est une méthode technique française (édité par la DINUM, la direction interministérielle du numérique) alors que la WCAG est un standard international édité par le W3C, l'instance de normalisation d'Internet. En France, le niveau (taux) d'accessibilité d'un site est calculé en l'auditant au regard des critères du RGAA qui s'impose comme la référence, notamment dans les appels d'offres. Le RGAA (plus technique) fait donc souvent référence au WCAG (plus fonctionnel), mais n'est pas limité au web. Il prend en compte des dimensions non-web comme la nécessité d'une audiodescription pour une vidéo par exemple. Les objectifs

16. La société Atalan est un cabinet de conseil et d'expertise spécialisé dans l'accessibilité numérique. Société Atalan, « L'accessibilité numérique à toutes les étapes d'un projet », *youtube.com*, vidéo mise en ligne le 14 avril 2021.

peuvent paraître identiques (et la confusion est fréquente) mais les critères ne sont pas exactement les mêmes (106 critères pour le RGAA 4.1 contre 78 pour le WCAG 2.1).

Le RGPD et le respect des données personnelles

Attention : si vos parties prenantes doivent pouvoir accéder à vos contenus, l'inverse est loin d'être vrai. Le respect de la vie privée, des données personnelles de vos parties prenantes est le principe le plus strict du RGPD (Règlement général sur la protection des données). Et sur ce plan, le meilleur ami des équipes communication et marketing doit être le *Data Protection Officer* (DPO), qui sera en capacité d'apporter un conseil dès la création de vos outils et offres. Ce point est essentiel, on ne badine pas avec l'éthique des données, le RGPD est formel : tous les projets doivent être conformes *by design*, donc dès leur conception !

L'éthique de la donnée personnelle est une composante importante de la communication et du marketing responsables. Le marketing, très friand de carte ou de programme de fidélité, est donc potentiellement vorace en matière de données. Le communicant aime conserver des informations parfois sensibles dans un fichier presse et associer des commentaires à des journalistes par exemple, ou bien ouvre, sans jamais la détruire ensuite, une base de données nominative en prévision d'un événement, là encore truffée d'informations singulières, comme une préférence alimentaire liée à une religion. Bref, respecter ses parties prenantes, c'est aussi respecter leurs données. Des données fiables, intègres et pertinentes (volume recueilli, traité, stocké et limité au strict nécessaire) sont les principes de l'éthique des données.

L'illectronisme

Au-delà des personnes en situation de handicap, les équipes communication et marketing qui souhaitent s'engager dans une approche pleinement responsable doivent être vigilantes à un nouvel enjeu mis en lumière récemment par le secrétaire d'État chargé du numérique, Mounir Mahjoubi : l'illectronisme.

Cette inhabileté numérique est la difficulté, voire l'incapacité, que rencontre une personne à utiliser les appareils numériques et les outils informatiques en raison d'un manque de connaissances ou de pratiques à propos de leur fonctionnement. Digitaliser l'ensemble de ses outils de communication, interfaces relationnelles, est donc loin d'être synonyme d'une plus grande responsabilité. En France, 14 millions de Français ne maîtrisent pas le numérique et près d'un Français sur deux n'est pas à l'aise[17]. Selon une étude du Gartner Group réalisée en 2000[18], l'illectronisme menace 50 millions d'Américains. Alors que les milieux favorisés compteraient 83 % d'internautes, seulement 35 % des personnes des couches défavorisées ont accès à Internet. Ce serait une nouvelle cause d'inégalité sociale, culturelle ou économique.

Une des grandes dimensions de l'accessibilité, c'est le mot, la langue. Nos métiers de relations passent par la langue. Les professionnels de la communication et du marketing sont pleinement responsables des mots, de la syntaxe qu'ils utilisent pour diffuser leurs messages, leurs offres. Il nous revient la responsabilité de les choisir pour favoriser l'accès au plus grand nombre. Disons-le sans ambages, la véritable, la plus éthique des écritures « inclusives » n'est pas le point médian mais bien le « langage clair ». Pour donner une définition simple du langage clair (ou *plain language* en anglais) : 100 % des publics peuvent lire et comprendre dès la première lecture un texte. Voilà où se trouve la responsabilité du communicant ! D'ailleurs, Barack Obama a signé une loi en 2010, le *Plain Writing Act*, qui impose l'évaluation annuelle de la lisibilité des communications produites par les administrations fédérales. Il en est de même en France (mais la mise en œuvre se fait attendre). En effet, depuis le 1er janvier 2019, les juridictions administratives sont tenues de

17. Vall R., « L'illectronisme ne disparaîtra pas d'un coup de tablette magique ! », Rapport d'information n°711, *senat.fr,* 17 septembre 2020.

18. Madinin Art, « Fracture numérique : l'illectronisme touche 17 % de la population selon l'INSEE », *madinin-art.net*, 8 septembre 2021.

rédiger leurs décisions de façon plus intelligible pour le justiciable, le Conseil d'État en a décidé ainsi et a livré ses recommandations[19] ; il préconise aussi l'usage de phrases courtes et de paragraphes « *ne devant en aucun cas dépasser une demi-page* », « *tout bavardage superflu est à exclure* ».

Aujourd'hui, grâce aux évaluations conduites durant les Journées Défense et Citoyenneté[20], nous savons que 77,5 % des jeunes sont considérés comme « des lecteurs efficaces », ce qui signifie que 22,5 % sont en difficulté. Nous en déduisons que ces difficultés ne vont pas se résorber et qu'ils seront des adultes, consommateurs, citoyens, en difficulté de lecture. Sur ces 22,5 % en difficulté, seuls 5 à 6 % sont réellement illettrés, pour les autres, ils sont pour 6 % d'entre eux à être à un niveau lexical correct mais sans parvenir à comprendre un texte écrit. Enfin, presque 12 % ont un acquis limité en matière de lecture. Bref, l'écriture inclusive (point milieu ou médian) exclut *de facto* plus de 22 % de la population « jeune ». À cela s'ajoute qu'environ 70 % des Français, comme les autres Européens, maîtrisent leur langue natale avec un niveau B1-B2[21], alors que les entreprises ou les services publics continuent de produire des contenus d'un niveau C1 ou parfois C2, excluant de fait une large partie de la population. La maîtrise d'une langue au niveau B2 signifie être un « *utilisateur de la langue indépendant qui peut comprendre les points essentiels quand un langage clair et standard est utilisé ou une discussion technique dans sa spécialité* ».

Nous sommes le verbe de nos organisations, nous maîtrisons l'écriture, l'expression, en acteur responsable nous devons adapter notre lexique, notre syntaxe, à nos publics. Et l'enjeu n'est pas uniquement

---

19. Carrive L., « "Ultra petita", "irrépétible", "susvisé" : des décisions de justice désormais compréhensibles par tous ? », *franceinter.fr*, 2 janvier 2019.

20. Lesay J.-D., « Les jeunes Français ne progresse pas en lecture », Localtis, *banque desterritoires.fr*, 15 juin 2021.

21. Le CECRL est le Cadre européen commun de référence pour les langues, ou *Common European Framework of Reference* (CEFR).

la compréhension qui n'est que le premier stade de l'efficacité de nos métiers. L'enjeu est bien plus stratégique : il s'agit ni plus ni moins de crédibilité, de confiance et donc de réputation. Il s'agit d'être compris pour être cru et comme je le rappelle souvent en forme de punchline, communicant ou acteur du marketing, « si t'es pas cru, t'es cuit ». En effet, il apparaît une très forte corrélation entre le fait de ne pas comprendre la communication d'une entreprise ou d'une organisation publique, et le fait de considérer qu'elle ment ou qu'elle cache la vérité : « si je ne te comprends pas, c'est que tu ne le souhaites pas. »

L'étude « Langage clair » réalisée par l'agence Avec Des Mots et Occurrence en 2018 vient mettre des chiffres sur ces intuitions : 41 % des Français sont confrontés au quotidien à des textes qu'ils ne comprennent pas. Le langage clair est également un puissant levier d'égalité : 4 Français sur 5 comprennent une phrase écrite en langage clair, quel que soit le sujet (médical, administratif, assurantiel), alors que selon le niveau de difficulté de la langue employée pour exprimer la même chose, la compréhension chute drastiquement – seul un tiers de la population comprend les phrases les plus complexes. Et l'absence de clarté dans les écrits des entreprises génère également une forte défiance de la part des Français vis-à-vis des marques qui en sont la source : 81 % déclarent avoir confiance dans les entreprises et organisations qu'ils comprennent bien à l'écrit. George Orwell résume parfaitement l'enjeu : « *Le grand ennemi du langage clair, c'est l'hypocrisie. Lorsqu'il y a un écart entre les objectifs réels et déclarés, on se tourne instinctivement vers des mots longs et des expressions éculées, pour former un écran de fumée*[22]. »

Et comme pour tous les autres enjeux de la responsabilité, des règles existent, des praticiens mettent déjà en œuvre au quotidien ces démarches. Stéphanie Guillaume, fondatrice et dirigeante de l'agence

22. Issu de l'essai "Politics and the English Language" (1946).

Avec Des Mots, rappelle dans le *Communicator*[23] les règles de base du langage clair :

> *« Il existe une vingtaine de principes de bon sens pour écrire en langage clair. [...] Il vaut mieux éviter la forme passive, les phrases de plus de vingt mots... et bien sûr le jargon. Il n'est pas question de littérature ! L'enjeu est bel et bien de comprendre un contrat, un courrier ou un document commercial dès la première lecture. »*

Précisons également qu'il existe en plus du langage clair, le FALC (facile à lire et à comprendre) : il s'agit d'une démarche visant à rendre l'information accessible à tous, en l'adaptant par et pour les personnes déficientes intellectuellement. Cette démarche, aujourd'hui labellisée, a été initiée en France par l'UNAPEI (Union nationale des associations de parents, de personnes handicapées mentales et de leurs amis) et Nous aussi, première association de personnes intellectuellement handicapées. Le ministère de la Justice, par exemple, « traduit » désormais certaines de ses campagnes en FALC. Bref, les mots peuvent être des mains tendues universelles ou au contraire des briques qui construisent un mur de défiance. Les professionnels de la communication et du marketing ont choisi et opté pour le langage clair.

La diversité

La communication et le marketing propagent-ils une vision réaliste de notre société et de nos organisations, en premier lieu dans les supports de communication interne ?

Sur cette thématique, les différentes études réalisées par Getty Images sont une mine d'or[24] : 9 consommateurs français sur 10 attendent désormais des entreprises et des marques qu'elles montrent des personnes de toutes morphologies dans leur communication,

23. ADARY A., MAS C. et WESTPHALEN M.-H., *Communicator*, 9e éd., Dunod, p. 504.
24. Études « #MontrezNOUS » de Visual GPS + Projet en partenariat avec Dove et Girlgaze.

et 77 % qu'elles s'engagent de manière cohérente en faveur de l'inclusion et de la diversité dans leurs publicités. Seulement 9 % des femmes affirment se sentir bien représentées dans la publicité et 3 % dans les communications d'entreprise…

Un observatoire essentiel pour comprendre ces enjeux existe en France, celui du Conseil supérieur de l'audiovisuel (CSA) qui a fêté ses dix ans en 2020. Et les résultats de sa dernière édition sont assez consternants. En effet, le baromètre de la diversité du Conseil supérieur de l'audiovisuel qui s'appuie sur deux semaines de visionnage de 18 chaînes en 2019[25], avec des critères tels que l'origine, le sexe, le handicap ou l'âge, esime que seulement 15 % des personnes y sont perçues comme « non blanches ». Un chiffre qui n'a pas beaucoup varié sur plusieurs années et qui est même en recul par rapport à 2018 (17 %). Les statistiques ethniques étant interdites en France à l'échelle globale, il est donc impossible de comparer la « réalité » avec sa représentation dans les médias. Ces données ne sont ainsi pas intégrées dans le recensement de l'INSEE à l'inverse d'autres pays comme les États-Unis où l'on sait par exemple précisément que la population Afro-Américaine représentait 12,6 % en 2010 [26] et devrait dès lors être présente au minimum à cette hauteur dans l'ensemble des représentations.

Peu de progrès non plus sur la question du handicap qui concerne pourtant 18 % de la population française. Seulement 0,7 % de personnes en situation de handicap sont « vues » à la télévision. Plus globalement, la télévision est un miroir déformant de la société. La proportion de femmes reste limitée à 39 % sur le petit écran, alors qu'elles comptent pour 51 % de la population. Et le constat est partagé pour les jeunes ou les personnes âgées. À l'inverse, les CSP+ sont surreprésentés à 73 %… contre 28 % de la population.

25. Alcaraz M., « Le constat accablant du CSA sur la diversité à la télévision », *lesechos.fr*, 29 septembre 2020.
26. « Afro-Américains », *fr.wikipedia.org*

Pour l'anecdote, l'étude ne dit pas le pourcentage de femmes journalistes visibles mais notons qu'elles représentent 47 % des cartes de presse en service en 2016.

Aujourd'hui, en l'absence de pouvoir de sanction du CSA sur tous ces points, les engagements ne peuvent être que des promesses. Il ne s'agit pas ici de dédouaner ou de minorer les enjeux pour les métiers de la communication et du marketing, mais de démontrer que l'enjeu de représentativité est plus global que le strict impact de nos métiers. Mais là encore, faisons notre part, comme le colibri.

On peut et on doit débattre de l'usage souvent abusif du mot « égalité » même s'il semble légitime d'exiger la juste représentativité : 18% de la population française vit avec un handicap cependant, comme le rappelle justement Jacqueline Bourke, responsable Creative Insights EMEA de Getty Images en charge de plusieurs études sur cette thématique, « *leur représentation n'est que de 1 % dans les médias* ». La juste représentation devrait pourtant nous conduire à 18 %, mais elle ajoute : « *Nous savons que les stéréotypes se déclinent en de nombreuses variétés et sont souvent utilisés de manière répétée dans la communication visuelle, par exemple en réduisant une personne à un seul facteur d'identification en présentant toutes les personnes handicapées comme des utilisateurs de fauteuil roulant au lieu de se concentrer sur les riches identités des personnes vivant avec un handicap.* » Un message très utile : oui à la diversité, non à l'essentialisation et à l'enfermement identitaire qui réduisent le divers à un seul critère.

La communication et le marketing responsables doivent viser une vision universaliste de la société et non intersectionnelle. D'ailleurs, courageusement, Havas Paris et l'institut Ifop ont adressé ce sujet dans une étude au beau titre « Entreprise et République ». Cette récente étude (printemps 2021) nous apprend, et c'est déjà une bonne nouvelle, que les Français estiment que la République est associée à quelque chose de positif (à 79 % *vs* négatif) et de concret (64 % *vs* abstrait). « Ni de gauche, ni de droite » pour 86 % des personnes interrogées, la République « rassemble les Français » (72 %)

et « appartient à tout le monde » (75 %). Elle constitue toujours « un modèle pour l'avenir » pour 67 % des Français (*vs* « un modèle qui appartient au passé »). Ouf !

Mais plus intéressant, l'entreprise est attendue comme un moteur de ce modèle. Concrètement, cela signifie que l'égalité doit être une évidence : 90 % des Français affirment qu'une entreprise doit respecter le principe d'égalité femmes/hommes. Mais plus encore pour les Français, l'entreprise doit être conforme aux principes de l'universalisme[27] qui caractérisent notre pays. Par exemple, le principe de laïcité : 82 % des Français considèrent que l'entreprise doit interdire les signes religieux ostentatoires ou mettre en place une charte de la laïcité (82 % de « oui », 42 % de « tout à fait »). Enfin, 73 % sont favorables à la mise en place des CV anonymes afin de favoriser la diversité des embauches et la non-discrimination.

Finalement, un message destiné aux professionnels du marketing : 67 % des Français demandent aux entreprises de refuser le marketing communautaire, c'est-à-dire d'offrir des produits et des services qui s'adressent à des communautés ethniques ou religieuses.

Et dans nos organisations, direction de la communication, direction de marketing, agences, où en est-on en matière de diversité ? Le sujet est d'ailleurs plus complexe et concerne l'ensemble de notre filière en commençant par les lieux de formations : écoles, universités, etc. Nos organisations sont souvent à l'image des cursus de formation. Ainsi, beaucoup d'initiatives existent aujourd'hui dans les écoles et universités : au CELSA (par exemple, en 2021, quinze étudiants sont en situation de handicap contre quatre ou cinq il y a quelques années[28]), à l'ISCOM, à l'IICP, etc.

---

27. Article 1er de la Constitution : « *La France est une République indivisible, laïque, démocratique et sociale. Elle assure l'égalité devant la loi de tous les citoyens sans distinction d'origine, de race ou de religion. Elle respecte toutes les croyances.* »

28. Wolski M., « Le handicap, encore trop peu présent en entreprises », *strategies.fr*, 5 mai 2021.

Tout le monde sera d'accord pour affirmer que sans diversité à l'intérieur de nos organisations, il sera plus compliqué de produire des objets qui tiennent compte de cette diversité. Lorsque le premier opus du célèbre jeu d'Ubisoft *Assassin's Creed* est sorti, au début du jeu, un écran précisait : « *Cette œuvre de fiction a été conçue, développée et produite par une équipe multiculturelle de confessions et de croyances diverses.* » Serions-nous capables d'écrire cela sur nos productions de communication et de marketing ? Comme le rappelait Gildas Bonnel dans une tribune publiée dans *Stratégies*[29] : « *Notre intérêt rencontre l'intérêt de la société. Notre ouverture à la diversité, notre effort, disons-le, à fuir le clonage et l'entre-soi, est et sera un gage de pertinence et de créativité.* »

L'étude AACC/Les Lionnes[30] montre le chemin qu'il reste à accomplir pour favoriser équitablement les carrières entre femmes et hommes dans notre secteur. Sur le plan du handicap, le chemin semble encore plus difficile. Le seuil demandé par la loi depuis 1987 est que chaque entreprise emploie 6 % de personnes en situation de handicap. Aujourd'hui, le score des entreprises privées est de 3,5 % et de 5 % dans le public. Dans ce paysage, les agences de communication et de publicité sont parmi les plus mauvais élèves avec un score de 1,5 %. En revanche, dans ce secteur, Publicis France fait figure de bon élève avec 3,5 %[31]. Les médias et régies publicitaires sont quant à eux à 1,57 %, l'événementiel presque à 2 % (1,97 %).

Au-delà du handicap, nous avons face à nous toutes les autres diversités à appréhender et à inclure, y compris les diversités sociales, celles qui nous assignent le plus : notre adresse postale par exemple. Car en matière d'accès à nos métiers, toutes les diversités sont des freins et le plus souvent se cumulent : adresse, sexe, âge, handicap, etc.

29. Bonnel G., « Diversité, j'écris ton nom », *strategies.fr*, 30 avril 2021.
30. AACC/L'État des Lionnes/OpinionWay, « Baromètre du harcèlement sexiste, sexuel et moral dans la communication (agences de communication, publicité, média, digital, marketing) », *opinion-way.com*, avril 2021.
31. Wolski M., *op.cit.*, 2021.

Pour gagner cette bataille, l'alternance semble un bon moyen de corriger nos pratiques actuelles pour nous obliger à diversifier nos sources, ainsi que certains de nos critères de recrutement. Une bonne pratique à copier est celle de Publicis qui a lancé sa « Charte d'engagement pour la diversité dans la communication ». Valérie Henaff, directrice de la stratégie et de l'engagement pour le groupe en France, explique :

> *« Nous sommes convaincus que la communication peut être un moteur d'inclusion. Et nous estimons qu'il est de notre responsabilité de concevoir, avec nos clients, la communication de manière éclairée sur les questions de la diversité en s'assurant qu'elle soit pensée à toutes les étapes du process de création. Un objectif : ne pas normaliser ni occulter les individualités, mais au contraire les célébrer car c'est dans la diversité que l'on représente le mieux la vraie vie. »*

Concrètement, trois engagements sont énoncés : sensibiliser chacun à la diversité, représenter plus et mieux la diversité, mesurer et progresser. Une démarche qui se veut *open source* et locomotive dans notre secteur – à suivre et à copier.

Bonne pratique

Diversidays, la bonne pratique à copier issue du numérique

Au départ, en 2017, il y a deux super professionnels de la communication, Mounira Hamdi et Anthony Babkine, et un triple constat en France sur la diversité, l'emploi et le numérique. Nous pourrions presque faire le même sur le secteur de la communication et du marketing.

1. La France regorge de demandeurs d'emploi ayant une appétence pour le numérique et d'entrepreneurs talentueux dans le domaine de la tech et du numérique.

2. L'absence de diversité dans les métiers du numérique et de la tech en France et à l'international.

3. Une conviction : la diversité des profils est un important levier de performance des entreprises et du pays.

Mounira et Anthony décident alors de créer Diversidays et, à travers des programmes et outils, d'agir en faveur d'une meilleure représentation des femmes, des personnes originaires des quartiers populaires et des zones rurales, des personnes en situation de handicap, mais également de toutes les personnes discriminées ou sous-représentées dans ces métiers (âge, orientation...).

En septembre 2020, à peine trois ans après la création de Diversidays, cet enjeu devient national et le gouvernement s'empare du sujet. Anthony Babkine et Salwa Toko, présidente du Conseil national du numérique, remettent le rapport « Faire du numérique un accélérateur de diversité » à quatre ministres (la ministre du Travail, la ministre déléguée chargée de l'Égalité entre les femmes et les hommes, de la Diversité et de l'Égalité des chances, la ministre déléguée chargée de la Ville et le secrétaire d'État chargé de la Transition numérique et des Communications électroniques).

Aujourd'hui, l'association accompagne les porteurs de projets de la diversité et du numérique dans le développement de leur activité. À l'horizon 2022, ce seront plus de 10 000 demandeurs d'emploi que Diversidays aura accompagnés dans leur orientation ou reconversion vers les métiers du numérique dans dix régions de France !

Le sexisme

Le sujet du stéréotype sexiste mérite en tant que tel un arrêt sur image tant il semble consubstantiel à nos métiers depuis leur création. Le film réalisé en 2016 par l'association professionnelle Com-Ent, compilation de décennies de films publicitaires de 1950 à nos jours (en 2 minutes)[32], est à la fois un parfait révélateur de la situation et un manifeste pour transformer nos pratiques. L'objectif ? Alerter notre profession mais aussi le grand public et impulser une communication plus respectueuse et plus créative afin de dépasser le recours aux stéréotypes, encore trop fréquemment utilisés au sein de la profession.

32. Com-Ent, « En 2016, luttons contre les clichés sexistes : No More Clichés », *youtube.com*, 5 février 2016.

Le Conseil supérieur de l'audiovisuel a également examiné en 2017 plus de 2 000 diffusions TV d'un certain nombre de spots publicitaires dans le cadre d'une étude sur la représentation des femmes dans les publicités télévisées. L'enseignement principal ? 82 % des « experts » représentés dans les publicités télévisées sont des hommes. Les femmes sont quant à elles dépeintes comme des consommatrices passives et souvent dénudées. Les exemples sont malheureusement trop nombreux, comme la publicité proposée par les 3 Suisses en 2010 dans le cadre de sa stratégie de « Oui à la chouchouthérapie », pour n'en citer qu'un, qui, pour faire la promotion d'une armoire, inscrivait le slogan « *Notre point G, il est dans la penderie* » au côté d'une mannequin.

Cette campagne serait-elle possible aujourd'hui ? Certains experts à l'époque avaient soutenu la campagne et l'ensemble de ses visuels comme Emmanuel de Reynal dans son blog[33] : « *Quoi qu'il en soit, loin d'être sexiste ou machiste, cette campagne est plutôt fraîche et nous montre des femmes drôles, décomplexées et bien dans leur peau.* » D'autres, comme le magazine *Lyon Capitale, via* un article décapant au titre évocateur « Une pub "Ma bite, elle est dans le garage", ça passerait ? » expliquait : « *On saluera donc une fois de plus l'audace et l'imagination fertile des publicitaires (ici ceux de BETC EuroRSCG) qui n'hésitent pas à bousculer les consciences et à se placer à l'avant-garde des combats féministes. Alors que l'affiche de l'album de Damien Saez montrant une femme nue dans un caddie surmontée d'un "J'accuse" a été censurée par l'Autorité de régularisation professionnelle de la publicité (ARRP), comment expliquer que la campagne des 3 Suisses n'ait dérangé personne ?* »

Pour en finir (peut-être) avec ce qui semble pour beaucoup de professionnels un sujet « ancestral » mais finalement encore très quotidien, l'association Com-Ent a souhaité, après son coup de gueule en 2016, proposer un outil, une solution pratique pour aider les professionnels de la communication et du marketing à ne plus propager de contenus sexistes et dire véritablement « stop aux clichés ». Ce kit

33. Reynal (de) E., « Quand les 3 Suisses cherchent votre point G... », *laissemoitedire.com*, 27 avril 2010.

pour s'auto-évaluer rapidement avant de lancer sa campagne est téléchargeable[33] et l'outil « Adoptons les bons réflexes » est disponible en ligne : *adoptonslesbonsreflexes.com*

L'utilité

Enfin, l'impact final et l'immense responsabilité de nos métiers reviennent à la dimension transformative de la société, des perceptions, des comportements. À la fin des fins, nous sommes et serons attendus sur ce critère de responsabilité. Ce que nous faisons, la manière dont nous le faisons, cela a-t-il un impact positif, sans ou avec le moins d'effets collatéraux néfastes sur la société ?

Disons-le autrement, avec des mots simples, faisons-nous un métier utile ?

Tribune

Séverine Lecomte | Dirigeante et fondatrice de l'agence Heidi et présidente de l'association Com-Ent[34]

La communication sera utile ou ne sera pas

La RSE, c'est le nouveau « *corporate* », la communication « mère » des entreprises, celle qui crée la réputation, l'attractivité, la confiance et donc la différenciation concurrentielle. Les communicantes et communicants doivent contribuer à construire non seulement le monde d'après, dans les circonstances sociales et économiques que nous connaissons, mais surtout un monde meilleur. Naïveté, utopie ? La communication est ce qui a permis à l'humain de faire grandir son humanité. Sans elle pas de société, sans elle pas de coopération et alors pas de développement, sans parler de survie. Il me semble donc, au contraire, que les temps exigent que les communicants évoluent rapidement, soient formés dès leurs études à ce nouveau paradigme et puissent

34. Com-Ent, « Kit pour une communication non sexiste », *com-ent.fr*

35. Auparavant, Séverine Lecomte a eu un parcours professionnel mixte en agence et en entreprise, chez Havas et au sein du groupe Suez, puis elle est devenue directrice de la communication d'éco-emballages de Citéo avant de créer Heidi.

être soutenus dans l'acquisition de nouvelles connaissances et compétences, pour renforcer leur apport stratégique et leur contribution à une communication à impact positif.

La communication sera utile ou ne sera pas. C'est le projet que se donne l'interprofession de la communication à travers Com-Ent, l'association que je préside depuis septembre 2020. Qu'est-ce que cela signifie concrètement ? Des axes forts font l'objet de plans d'action menés par la communauté Com-Ent, portant notamment sur :

– le renforcement de la confiance entre les entreprises et leurs publics par des pratiques et une communication engagée et responsable ;
– des parcours durables et attractifs en communication, des étudiants aux seniors en passant par les professionnels en transition ;
– le traitement des grands sujets de société qui nourrissent la réflexion, l'innovation sociale et technologique ;
– et, bien sûr, le renforcement de la lutte contre toutes les discriminations et pratiques abusives, en agences comme en entreprises.

La communication sera utile ou ne sera pas, et il est de notre responsabilité qu'elle le soit, pour le bien de notre société, de nos entreprises et pour l'avenir de nos métiers.

Le message, sa sincérité, son éthique, sa représentativité, formera la nouvelle narration de l'imaginaire collectif de nos sociétés. Si nous considérons que la communication et le marketing ont été des artisans puissants, dominateurs, qui ont façonné nos pratiques de consommation et de surconsommation, alors nous devons aussi considérer que nous serons les artisans responsables d'une vision raisonnée, raisonnable, de la suite de notre aventure collective.

Les stéréotypes, les clichés, les évidences de consommation, depuis le petit-déjeuner copieux (que l'on doit à Edward Bernays) au FOMO (« *Fear Of Missing Out* », l'anxiété de rater quelque chose que l'on doit aux industries du digital) et à l'obsolescence programmée, y compris de nos besoins et de nos envies, nous devons tout assumer pour repartir, refonder, révolutionner.

Chapitre 6
Co-développement des messages et des outils avec les parties prenantes

Si le consommateur ne croit plus en mon produit ou ma marque, si le citoyen engagé n'a plus confiance en mon organisation publique ou privée, peut-être est-ce aussi parce que j'ai oublié pendant trop longtemps de les écouter. La confiance ne peut être une injonction (sauf pour Kaa, le serpent du *Livre de la jungle* et son fameux « aie confiance »), elle est nécessairement bilatérale. Et c'est l'un des trois grands enjeux de la communication et du marketing responsables : (re)créer les conditions mais aussi les processus pour fabriquer de la confiance entre une organisation et ses parties prenantes.

1. Renouer les liens

Les mots co-développement, co-production, co-réalisation sont à la mode et sont probablement sur-utilisés dans nos métiers au point certainement de galvauder leur sens. Deux mots, deux verbes, dans notre boîte à outils depuis des décennies, semblent peut-être plus adéquats et méritent d'être remis sur le haut de la pile : écouter et concerter !

Écouter avant d'agir, de s'exprimer, de concevoir une offre, un prix, un message, cela semble une idée assez simpliste, mais force est de constater que dans le monde des études et de la mesure, si le post-test est légion, l'usage systématique du pré-test, de la concertation, est moins répondu. Alors comment retisser le lien, renouer la confiance, revaloriser le dialogue et la conversation ? L'ère du « re » s'ouvre pour nos métiers. Entre la stratégie du « co » et la stratégie du « re » s'ouvre un espace au sein de la communication responsable pour tout simplement engager des démarches d'écoute tout au long de la production de nos offres ou de nos contenus.

La communication responsable est certainement aujourd'hui le meilleur chemin vers la confiance. La confiance nécessite la réciprocité. Les citoyens/consommateurs ne « donnent » pas leur confiance. Que doivent donc faire les entreprises et les marques pour mériter cette confiance ? Engager une écoute franche, saine, réelle.

Tribune

Julie Schwarz | Directrice fondatrice d'Éconovia et vice-présidente de la Cité du Développement Durable

E-changeons pour défendre une communication transformatrice, libre et engagée

L'information se commercialise et la communication se responsabilise.

À l'heure où l'information se commercialise et la communication se responsabilise, la ligne de démarcation des règles communicationnelles se floute et laisse place aux pratiques de *greenwashing* et de *socialwashing*. Au lieu de se cacher jusqu'à être mensongère, la communication, la *vraie*, se doit au contraire de mettre en lumière, d'éclairer, de conscientiser. Être au service du « lien » et du « bien », non pas toujours du « plus », en mobilisant les énergies créatives de celles et ceux qui veulent et font le changement.

Dialoguer le monde, c'est déjà le transformer.
Avant chaque changement, il y a échange. Avant chaque décision, il y a concertation. Avant chaque action, il y a interaction.
La communication précède la transformation et l'accompagne, car avant de changer, il faut échanger. Et dialoguer le monde, c'est déjà le transformer. Libre à nous alors de le transformer dans le bon sens.

Alignons le courage de nos mots avec la puissance de nos actes.
La communication se doit aujourd'hui d'être un puissant levier de transformation, capable d'agir sur le monde, de lui faire changer de visage et de transformer nos imaginaires, si tant est que le courage de nos mots, l'audace de nos représentations, soient alignés avec la puissance de nos actes. Cela exige un grand sens de l'éthique, de l'honnêteté intellectuelle et une transparence sans faille : trois garanties d'une communication *vraiment* responsable.

Ouvrons la voie d'une nouvelle communication transformatrice, libre et engagée.
Mais pour relever les immenses défis des transitions écologiques, économiques et sociales qui sont à nos pieds, il nous faut aller bien plus loin. Pour passer de l'ère de la compétition à celle de la coopération, ouvrons de nouvelles voies pour écrire et dire le monde, non pas tel qu'il est, mais tel que nous voudrions qu'il soit. N'oublions pas la valeur agissante, magique et performative des mots qui transforme le « dire » en « faire ». Il est grand temps de reprendre notre pouvoir de dire et d'agir pour porter haut et fort la vision d'une communication transformatrice, libre et engagée.

Dans un premier temps, écouter et parler avec ses parties prenantes signifie les identifier et les connaître. Pas si simple, ou pas évident de le faire avec professionnalisme et rigueur. La première vraie tentative de théoriser la notion de « parties prenantes » fait généralement référence à R. Edward Freeman[1] qui les définissait ainsi : les acteurs (organisations, groupes, individus) susceptibles d'affecter ou d'être affectés par les activités d'une entreprise ou par l'accomplissement de ses objectifs. Mais là encore, c'est la norme ISO 26000 qui vient à notre secours pour nous offrir un cadre à cette réflexion.

Si les principes, les questions centrales et la gouvernance sont des éléments importants de l'ISO 26000, sa spécificité fondamentale réside dans la priorité donnée à la relation et à la coopération avec les parties prenantes. Les parties prenantes sont dès lors définies par la norme comme « *des organisations ou des individus qui ont un ou plusieurs intérêts dans une décision ou activité quelconque d'une organisation (entreprise). Du fait que ces intérêts peuvent être affectés par l'organisation (entreprise), il se crée un lien avec celle-ci.* »

Pour identifier les parties prenantes ayant un intérêt lié aux activités et aux décisions de l'entreprise, la norme conseille par ailleurs de répondre à un certain nombre de questions, que l'on peut séparer en trois catégories distinctes. Ces catégories répondent à des besoins différents, souvent complémentaires, d'identification des parties prenantes par une entreprise.

La première catégorie permet d'identifier les parties prenantes qui ont des intérêts liés aux activités de l'entreprise dans leur globalité.

- Envers qui l'entreprise a-t-elle des obligations légales ?
- Qui pourrait être affecté positivement ou négativement par les décisions et activités de l'entreprise ?

La seconde catégorie permet d'identifier les parties prenantes qui ont des intérêts liés à une décision particulière de l'entreprise.

- Qui, dans la chaîne de valeur, est touché ?
- Qui s'est trouvé impliqué, dans le passé, quand il a fallu aborder des préoccupations semblables ?
- Qui serait désavantagé s'il était exclu du dialogue ?

1. Freeman R.E., *Strategic Management: A Stakeholder Approach*, Pitman, 1984.

La troisième catégorie permet d'identifier les parties prenantes qui doivent particulièrement être associées à l'élaboration et à la mise en œuvre des programmes liés à la responsabilité sociétale.

- Qui est susceptible de s'inquiéter des décisions et activités de l'entreprise ?
- Qui peut aider l'entreprise à identifier ses impacts spécifiques ?
- Qui peut influer sur la capacité de l'entreprise à s'acquitter de ses responsabilités ?

La norme rappelle de plus que si l'entreprise n'a pas forcément identifié ses parties prenantes, ces dernières ne sont pas forcément identifiées elles-mêmes comme pouvant être impactées par ses activités.

Évidemment, cela va sans dire mais le réaffirmer très fortement semble essentiel : pas de communication responsable sans communication interne forte ! Les collaborateurs, quel que soit leur statut, constituent une partie prenante au cœur de la construction et de la vie de la communication responsable. Toutes les parties prenantes n'étant pas organisées, ou pas en situation de se représenter par elles-mêmes (enfants, générations futures, faune, flore, etc.), c'est à l'entreprise de faire ce travail plus sophistiqué et d'identifier les organisations capables de représenter ces parties prenantes « invisibles » mais bien réelles.

La loi Pacte de 2019 a renforcé la reconnaissance des parties prenantes en modifiant les articles 1833 et 1835 du Code civil qui introduisent la nécessaire prise en considération par l'entreprise des enjeux sociaux et environnementaux et, lorsqu'elle existe, la raison d'être de l'entreprise. En effet, le développement des entreprises à mission est un facteur supplémentaire de mise en avant du rôle actif des parties prenantes. Enfin la crise sanitaire de 2020, qui a accentué la prise de conscience du rôle social et sociétal des entreprises aux côtés de l'État, a également eu un effet catalyseur autour de cette notion.

2. Écouter et dialoguer

Qu'elles soient analysées au travers de considérations éthiques ou de souci de préserver la pérennité de l'organisation sur le long terme, les parties prenantes sont aujourd'hui vues comme des leviers de performance et de création de valeur. Plusieurs méthodologies permettent alors d'écouter et de dialoguer avec ses parties prenantes.

Les études qualitatives

Pour conduire une étude qualitative, il faut interroger et observer en profondeur un petit nombre d'individus. Il s'agit de comprendre les ressorts d'un comportement, d'une attitude, les fondements enfouis d'une opinion ou d'une perception. Il existe ainsi deux techniques principales : les entretiens individuels et les *focus group*.

La première consiste à réaliser des entretiens individuels semi-directifs : c'est-à-dire une libre expression dirigée. Le plus souvent, il convient de conduire environ dix entretiens par segment de population à étudier, qui se déroulent soit en face-à-face, soit par téléphone. Chaque entretien dure de 45 à 60 minutes en suivant un guide d'entretien rassemblant questions et relances. La technique la plus habituelle est celle de l'entonnoir : commencer par des questions d'ordre général puis conduire l'interviewé vers des questions plus problématiques. Les entretiens individuels sont particulièrement adaptés aux sujets sensibles, contrairement aux *focus group*.

Moins profonds que les entretiens, les *focus group* sont quant à eux fondés sur la dynamique et la créativité de groupe. Pendant trois heures (le plus souvent) se confrontent les opinions de personnes aux caractéristiques différentes (huit à dix participants par groupe). Les *focus group* sont animés par un chargé d'étude à partir d'un guide d'animation (questions, relances et *stimuli* comme des images ou un portrait chinois « si vous étiez un … ») dont le but est de faire émerger des vérités, des consensus, des zones de désaccord ou encore des idées et des suggestions d'amélioration.

Les panels ou communautés

La mise en place de panels permanents ou propriétaires, que l'on pourrait sans rougir dénommer « communautés », est aussi une manière très concrète de faire vivre le troisième pilier de la communication et du marketing responsables. Au-delà des études *ad hoc* pour lesquelles un prestataire va créer un échantillon sur-mesure, il est possible de créer des panels permanents que l'on va animer et interroger au fil de l'eau pendant quelques jours, semaines, mois, années.

On les nomme le plus souvent « panel propriétaire » : un panel qui est exclusif à une organisation. En effet, contrairement au panel traditionnel, il correspond à une base de données qualifiée en fonction des besoins propres à une entreprise et dont l'ensemble de ses membres a donné son accord « *opt-in* » pour participer régulièrement aux études marketing de cette même société.

L'intérêt des panels est leur récurrence, la continuité de l'interrogation : écoute autour d'un simple concept d'offre, d'un argumentaire, de test produit, ou d'une évaluation d'un *storyboard* de campagne ou d'un véritable pré-test. Mais la même démarche peut s'opérer sur tous les sujets, les enjeux ou les objets de communication ou de marketing : une idée de diversification, un nouveau packaging, etc.

Tout au long du processus, il est alors possible de questionner, d'interroger, d'interagir avec les mêmes personnes issues de ses publics. Mieux, ces derniers peuvent aussi agir en veilleur ou en testeur : en prenant une photo d'un produit qu'ils estiment en concurrence et plus responsable, en rapportant un comportement observé…

Enfin, un panel, ce ne sont pas que des échanges bilatéraux, ce sont également des échanges entre les membres du panel. Cela permet d'observer, par exemple, comment une décision d'achat peut s'opérer, le poids d'un argument « de responsabilité », d'un label, etc.

Par ailleurs, des outils existent pour animer des panels, le plus souvent payants sur abonnement (attention au mythe du *plug & play* « je branche et ça marche tout seul », sans intelligence humaine, soi-disant un accompagnement pour lequel il n'existe pas d'étude fiable). Cependant, l'outil ne fait pas la compétence : Word ne fait pas de vous un romancier, Excel un directeur financier, Illustrator un directeur artistique... Et donc un logiciel d'animation[2] de panel ne vous transformera pas en un expert des études.

Le *social listening* ou l'écoute des réseaux sociaux

Il s'agit *via* des outils comme Talkwalker, Radarly, Digimind, Meltwater, Brandwatch (mais là encore, l'outil doit être piloté, voire « dompté ») d'écouter le monde parler de la marque, de ses sujets de prédilection ou de ses enjeux sociétaux. Car environ 90 à 95 % de ce qui se dit sur une marque, une entreprise, ses enjeux, n'émanent pas d'elle.

La communication responsable, c'est accepter ce constat. Accepter ce lâcher prise. Comprendre comment se joue la conversation avec ou sans vous. Écouter les réseaux sociaux, tous les réseaux sociaux de manière la plus exhaustive, doit aujourd'hui être une routine de nos métiers. Écouter ne signifie pas nécessairement répondre à tout et à tous en permanence. Écouter pour se taire mais en ayant mieux compris les perceptions, les sujets irritants de ses publics, est déjà une attitude responsable.

La concertation

S'écouter, agir de concert en vue d'une prise de décision, s'accorder, s'entendre... Bref, la concertation est un mot très inclusif et pas encore galvaudé, ni usé, pas même abîmé.

2. Par exemple *krealinks.com*

Grands débats publics mais aussi patients dialogues des métropoles et des autres territoires avec toutes les parties prenantes, sur le terrain ou sur les réseaux sociaux, la concertation prouve chaque fois qu'elle est le levier qui permet de relever le défi le plus aigu des organisations de nos jours : l'acceptabilité ! L'acceptabilité de dire, de faire, de vendre, de construire, d'exploiter, de se transformer… En un mot, d'exister.

En France, la concertation a connu une intéressante période d'essai durant ces dernières années, au temps des grands projets d'infrastructures. Sans elle, la plupart des lignes de TGV n'auraient pas trouvé leur chemin, les tramways n'auraient pas réussi la conquête des villes, les éoliennes marines ne seraient pas en voie d'apparition au large. Les communicants doivent donc mettre dans leur boîte à outils la puissance d'écoute et d'interaction que permet une véritable démarche de concertation. Véritable car la concertation n'est ni une négociation, ni une consultation ou une médiation. La confusion est aujourd'hui forte entre les concepts.

La concertation, c'est l'action de débattre dans le cadre d'un dialogue structuré, voire codifié, entre tous les acteurs concernés, qui échangent leurs arguments afin de prendre en compte les divers points de vue exprimés et ainsi faire émerger l'intérêt général, en amont de la mise en forme d'une proposition, avant de s'accorder en vue d'un projet commun[3].

La concertation se distingue de la négociation en ce qu'elle n'aboutit pas nécessairement à une décision, mais qu'elle vise à la préparer. C'est le cas par exemple lorsqu'une collectivité territoriale engage un processus de concertation avec la population locale dans la perspective d'un aménagement : la décision finale appartient aux élus qui en détiennent seuls formellement le pouvoir, mais qui devront intégrer les résultats de la concertation.

3. À partir des définitions de Wikipédia.

La concertation se distingue aussi de la consultation, laquelle se résume à une demande d'avis, en général sur un projet souvent déjà bien abouti. De plus, cet avis est la plupart du temps très limité dans sa portée et ne contient que peu, sinon pas, de phases de dialogue. Or, la véritable concertation exige l'ouverture à toutes les personnes intéressées, dès la conception du projet, et suppose la confrontation entre les parties, l'échange d'arguments, l'explicitation des points de vue de chacun.

Enfin, la concertation se distingue de la médiation car elle ne fait pas intervenir un tiers pour faciliter la recherche d'un accord entre les parties. Les échanges sont animés par l'une des parties prenantes ou, dans certains cas, par un facilitateur lié à l'une d'entre elles.

Les comités des parties prenantes

Certainement la démarche la plus noble, la plus ultime dans laquelle souvent, malheureusement, la communication et le marketing ne sont pas impliqués ou de manière trop lointaine.

Les comités de parties prenantes sont en réalité un acte courageux : celui d'accepter de placer très haut dans sa gouvernance l'avis de ses « *critical friends* », ses amis qui veulent que vous vous amélioriez pour votre bien et celui de la planète. « *Un ami critique est une personne de confiance qui pose des questions qui dérangent, apporte des informations pour qu'elles soient examinées avec un regard neuf et propose des critiques sur le travail de quelqu'un d'autre en tant qu'ami*[4]. »

Le groupe de travail constitué au sein de la commission juridique de l'IFA[5] formule ainsi dans son guide[6] six recommandations à l'attention des conseils d'administration pour faciliter et optimiser la mise

4. Costa A. et Kallick B., "Through the Lens of a Critical Friend", *Educational Leadership*, 51(2): 1993.
5. L'Institut français des administrateurs engagés.
6. IFA, « Les parties prenantes : leur place au sein de la gouvernance de l'entreprise », *ifa-asso.com*, 2021.

en place, la composition, le fonctionnement et le suivi des comités de parties prenantes lorsque ceux-ci sont constitués.

1. Initier et faire prospérer la démarche d'un comité des parties prenantes par la mise en lumière de ses bénéfices.
2. Veiller à ce que la représentativité des parties prenantes au sein du comité ne soit pas contestable pour garantir l'équité du dialogue.
3. Veiller à ce que le comité des parties prenantes soit indépendant pour assurer la liberté de parole de ses membres.
4. S'assurer que le comité des parties prenantes ait les moyens et la matière suffisants pour qu'il puisse dialoguer efficacement.
5. Instaurer au niveau du conseil un dialogue constructif avec le comité des parties prenantes.
6. Vérifier annuellement l'efficacité du dialogue, la mise en œuvre des avis/préconisations du comité des parties prenantes et la performance RSE *via* les critères ESG[7].

Concrètement, à partir de ces six recommandations, on peut attendre au moins six grands bénéfices de la mise en œuvre de ces comités de parties prenantes. Ces bénéfices peuvent et doivent rejaillir sur les missions des équipes communication et marketing[8].

1. S'assurer que les engagements de l'entreprise sont bien en phase avec les attentes des parties prenantes.
2. S'assurer que les enjeux émergents ou les « angles morts » du secteur sont identifiés en amont.
3. Définir des objectifs ambitieux et y associer des moyens concrets permettant l'intégration des enjeux émergents dans la stratégie et les offres de l'entreprise.
4. Nourrir la direction générale en apportant des idées et des pratiques inspirantes pour faciliter la mise en œuvre des plans d'action.

7. Les critères ESG pour environnementaux, sociaux et de gouvernance.
8. Avec l'aide d'UTOPIES.

5. Aider l'entreprise à éviter les potentielles crises et à traiter les dilemmes rencontrés au fur et à mesure du déploiement de la stratégie.
6. Catalyser l'innovation en s'ouvrant à des solutions et à des approches nouvelles, au-delà du secteur et du périmètre traditionnel de l'entreprise.

Inversement, un comité de parties prenantes n'a pas vocation à « simplement » écouter la direction générale, valider les actions de l'entreprise ou à complimenter les initiatives lancées. C'est le principe des « amis critiques ».

Le cabinet UTOPIES propose alors une liste de six questions pour aider les structures à correctement organiser le niveau d'ambition de leur comité des parties prenantes.

1. Quel sera le type de panel ? (Des parties prenantes, un comité d'experts, hybride...)
2. Quels seront les interlocuteurs du panel ? (Direction RSE, Comex...)
3. Quel niveau de transparence ? À quels documents le comité pourra-t-il accéder ? (Documents publics uniquement, documents publics + internes sans portée stratégique/dilemmes + dilemmes et mauvaises performances...)
4. Quel impact l'avis du comité aurait-il dans la prise de décision ? (Consultatif, dialogue, avis préalable, ouvertures de chantiers...)
5. Qui décidera de l'ordre du jour des comités ?
6. Quelle « publicité » faire sur les débats et les membres du comité ? Les membres du comité pourront-ils, par exemple, s'exprimer sur l'entreprise et/ou en son nom ou sur son activité ?

L'injonction à travailler avec ses parties prenantes, d'une manière ou d'une autre, avec comité ou sans, afin de les transformer en parties intégrantes des processus de conception, production, voire diffusion, des objets de communication ou de marketing, est au cœur des démarches de responsabilité. Elle constitue probablement l'un des piliers les plus compliqués car le tissage que cette approche réclame peut être perçu comme une contrainte : contrainte de temps (dans des environnements de travail en état d'urgence permanent), contrainte de budget, contrainte dans le processus décisionnel.

Il suffirait de changer de perspective pour transformer ces contraintes en opportunités : perdre un peu de temps pour en gagner beaucoup, investir un budget pour éviter les risques, partager la décision pour optimiser l'adhésion.

3. (Ré)apprendre à se connaître

Enfin, pour travailler efficacement avec ses parties prenantes internes et externes, et construire une relation de confiance fondée sur un désir commun de progrès, il faut respecter certaines règles et surtout prendre le temps de la connaissance mutuelle.

Favoriser un échange de qualité dans la durée

S'il est nécessaire d'identifier ses parties prenantes finement, c'est avant tout pour permettre une écoute attentive des opinions et alertes qu'elles soulèvent, et pouvoir y remédier avant qu'elles ne deviennent un véritable problème pour l'entreprise. Pour cela, la « veille » en tant qu'exploration des médias ou des conversations sur le web ne suffit pas. Il faut se parler physiquement et souvent. Pour que les comités de parties prenantes soient réellement efficaces, il faut que les règles soient clairement établies et que chacun les accepte. Il faut aussi que chacune des parties fasse un pas culturel vers l'autre.

Un exemple : les associations sont habituées à discuter longuement des sujets, à multiplier les concertations, là où les entreprises veulent aller vite et obtenir des résultats concrets. C'est un apprentissage mutuel dont chacun tire beaucoup de satisfaction même si le chemin est ardu.

Faire en sorte que les échanges soient suivis d'effets

Rien de pire que de ne pas donner suite à une demande légitime, à un projet, à une décision commune. Si l'engagement est pris, il doit être respecté, sinon la confiance ne peut se construire et la démarche de coopération est vouée à l'échec. Les parties prenantes sollicitées se sentiraient instrumentalisées.

En revanche, les modalités, priorités, plannings de mise en œuvre d'actions répondant aux demandes des parties prenantes peuvent être discutés, notamment au sein du comité. L'entreprise n'est pas là pour faire tout ce qu'on lui dit. Elle seule connaît ses capacités, ses limites, ses contraintes. Tout cela doit être posé sur la table pour déterminer un plan d'action réalisable, pragmatique.

Si les parties prenantes sont respectées et impliquées dans les discussions, si leurs compétences ont été favorisées par un effort pédagogique de la part de l'entreprise, il n'y a aucune raison qu'un accord raisonnable ne soit pas trouvé.

Favoriser les projets de terrain

Ce n'est pas dans les bureaux d'un siège social que l'on crée les meilleurs partenariats. Il faut, dès que possible, ouvrir la voie à des projets opérationnels menés en coopération avec certaines parties prenantes intéressées, sur le terrain. Il faut que les collaborateurs de l'entreprise qui sont au plus près des réalités des parties prenantes les rencontrent et œuvrent avec elles à atteindre des objectifs de progrès.

Les sujets de ces projets de terrain peuvent être très divers : techniques, éducatifs, relationnels, sociaux, environnementaux, etc. Il faut alors en déterminer ensemble la durée, les objectifs, les moyens et le temps que chacun y passera pour leur mise en œuvre.

Le modèle sociocratique[9] ?

La sociocratie est née en 1950 et consiste à transposer un phénomène observé en chimie et en biologie aux sciences sociales. En 1977, Prigogine, chimiste belge né en Russie, étudie spécifiquement les systèmes qui s'auto-organisent. En 1978, Herman Haken, professeur à l'université de Stuttgart, reprend ses travaux et invente le terme « synergétique » pour définir le système d'auto-organisation qu'il construit.

Deux conditions d'une auto-organisation optimale se dégagent : les éléments du système doivent être équivalents, sans contrôle les uns sur les autres, et doivent bénéficier d'une source d'énergie externe. Le but de la sociocratie est ainsi défini comme suit par le Centre français de sociocratie[10] : « *Nous devons travailler ensemble pour fabriquer un produit ou rendre un service et nous devons le faire mieux que notre compétition.* » Ce système est donc très adapté à l'animation des comités de parties prenantes car il évite la sensation d'assujettissement à l'entreprise et permet de dépasser les intérêts particuliers des différentes parties prenantes pour les faire travailler ensemble à un but commun.

Le principe est simple et fondé sur quatre règles de base.

1. Le cercle de décision

Les cercles de décision sont équivalents, mais pas égaux. Ses membres se réunissent autour d'un objectif et définissent eux-mêmes leurs politiques de travail, sur la base du consentement de leurs membres. Ils disposent tous d'un responsable de l'unité de travail (un membre de l'entreprise en l'occurrence), d'un « représentant » élu par les membres du cercle, d'un secrétaire et d'un animateur.

2. Le consentement

Le système sociocratique ne cherche pas à obtenir le consensus (tout le monde dit oui), mais le consentement (personne ne dit non). Le consentement signifie « zéro objection motivée par des arguments valables ». Il ne s'agit pas de définir les politiques de l'entreprise ou de revenir sur des décisions déjà prises, mais bien de conduire leur mise en œuvre en levant les problèmes et les freins soulevés par les parties prenantes qui constituent le cercle. Étant donné que le cercle fonctionne en auto-gestion, il est plus apte qu'un comité « classique » à identifier les solutions possibles qui mèneront au consentement.

9. Adary A. et Lecomte S., *L'ISO 26000*, Dunod, 2012.

10. Pour en savoir plus : *sociocratie-france.fr*

3. Le second lien

Chaque cercle est relié à celui qui lui est immédiatement supérieur par deux personnes : les responsables de l'unité de travail (issus de l'entreprise) et le représentant élu par les membres du cercle. Le cercle immédiatement supérieur ne l'est pas forcément en termes d'importance. Dans le cas d'un comité de parties prenantes, le cercle immédiatement supérieur peut être composé de responsables et d'experts développement durable de l'entreprise, etc.

4. L'élection sans candidature préalable

L'élection du représentant du cercle et l'attribution des tâches à accomplir sont faites sans candidat, sur la base de la proposition ouverte des membres et d'une discussion dans le cercle. Ce mode de fonctionnement favorise l'intelligence collective et les comportements éthiques, intègre les besoins individuels et collectifs, améliore la réactivité et évite les luttes de pouvoir.

Intégrer tout au long du processus de travail ses parties prenantes doit donc devenir la nouvelle hygiène de travail de nos métiers. Un réflexe. Pour cela, les acteurs de la communication et du marketing doivent se professionnaliser, considérer l'écoute non seulement comme un *soft skill* mais également comme un *hard skill*, une compétence majeure à acquérir ou à « acheter » auprès des prestataires dédiés à ces métiers d'études et d'écoute.

Nos métiers ne sont pas uniquement des pratiques d'expression mais bien d'écoute, de dialogue et de conversation. L'enjeu est crucial car il ne s'agit ni plus ni moins que du seul chemin raisonnable pour faire exploser le mur de la défiance qui s'est construit et renforcé depuis des décennies entre les praticiens de la communication et du marketing (mais aussi les marques, les entreprises, les dirigeants qu'ils accompagnent) et les parties prenantes, qu'elles soient consommateurs, citoyens, ONG ou associations.

En revanche, intégrer les parties prenantes ne signifie pas fabriquer une communication du *self-service* où chaque partie prenante viendrait demander et obtiendrait sa « revendication ».

Les stratégies de communication et de marketing sont (surtout) conduites par une vision, une analyse d'un marché, de démarches prospectives, d'un décryptage précis des comportements des concurrents, etc. Les besoins, attentes, perceptions des parties prenantes doivent être l'une des fibres qui permet de tisser les actions de communication et de marketing. La prise en considération réelle du récepteur est essentielle mais, dans une stratégie de communication ou de marketing, les objectifs de l'émetteur le sont tout autant.

La communication et le marketing responsables doivent créer une version enrichie de nos métiers, plus empathique, plus enveloppante, car elle prendrait en compte, elle considérerait la parole, les attentes, les besoins des consommateurs mais aussi des parties prenantes citoyennes, institutionnelles, associatives ou les parties prenantes muettes ou absentes (les océans, la faune, les générations futures, etc.).

Communication et marketing sont des métiers de relations. Il s'agit de retrouver l'origine et la noblesse de nos métiers, et de remettre au cœur de notre village les parties prenantes.

Chapitre 7

Piloter et mesurer la communication et le marketing responsables

Aucune démarche de communication et de marketing responsables n'est crédible sans lui associer une démarche de mesure et de pilotage. Idéalement, l'évaluation doit être conduite par un tiers, non juge et partie, encore davantage quand il s'agit de mesurer les impacts RSE de la communication et du marketing. La démarche de responsabilité est ainsi une démarche de progrès.

Les acteurs de la communication et du marketing qui s'engagent ne doivent pas craindre d'être imparfaits lors de leurs premiers pas. Il faut considérer joyeusement le verre à moitié vide, qui donnera sens à notre progrès. Une fois ce principe bien compris, la mesure apparaît comme le partenaire amical, bienveillant et exigeant de tous les professionnels engagés.

1. Un processus : le PDCA

Comme toute démarche d'amélioration continue, à la source se trouve le fameux processus PDCA autrement dénommé « la roue de Deming[1] ». Cette « méthode » se divise en quatre grandes étapes qui s'enchaînent dans un processus dynamique. L'ensemble forme un cercle vertueux qui doit permettre d'améliorer sans cesse la qualité d'un processus.

- *Plan* : préparer, planifier (ce que l'on va réaliser).
- *Do* : développer, réaliser, mettre en œuvre (le plus souvent, on commence par une phase de test).
- *Check* : contrôler, vérifier, mesurer.
- *Act* (ou *adjust*) : agir, ajuster, réagir.

La communication responsable doit donc s'envisager comme une démarche au long cours qui mérite d'être pensée dans le cadre d'une feuille de route précise (planification) avec ses urgences et ses enjeux plus secondaires. Bref une hiérarchisation. Et en matière de responsabilité, fixer des priorités est l'un des exercices les plus complexes et périlleux, l'objectivation, les données, sont alors d'une grande aide.

La démarche de communication et de marketing responsables étant encore balbutiante, la mesure l'est tout autant, voire davantage. Il est tout à fait normal dans une logique d'économie de ressources (notamment de temps) que les équipes consacrent le plus essentiel de leur temps à « faire » de la communication responsable plutôt qu'à l'évaluer. Mais l'évaluation viendra rapidement car la démarche de responsabilité a besoin d'un GPS : sans mesure on perd sa capacité à piloter sa stratégie sur la base de données objectives.

1. Son nom vient du statisticien William Edwards Deming, même si ce dernier n'a pas inventé le principe du PDCA. On doit au statisticien Walter A. Shewhart sa popularisation dans les années 1950.

La roue de Deming à l'origine de toutes les démarches de performance et d'amélioration continue

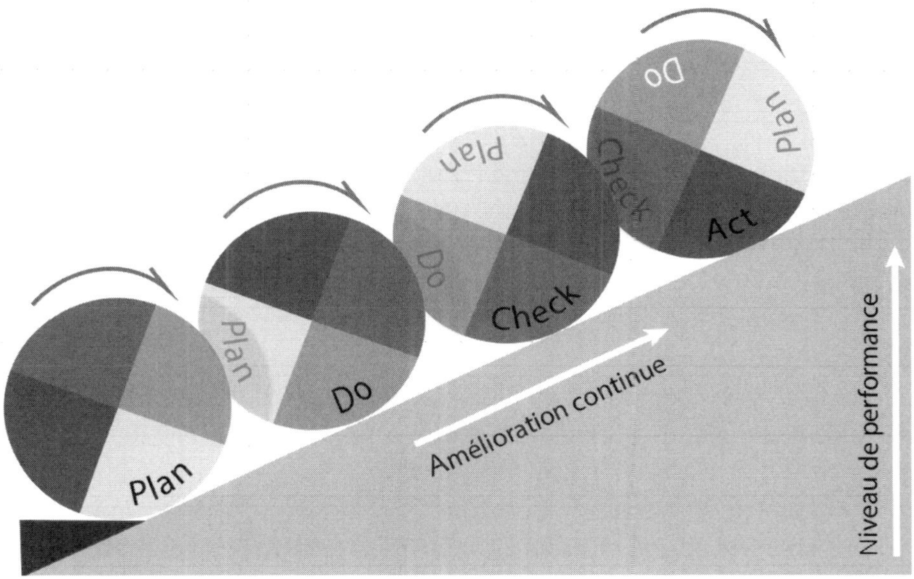

Source : « Roue de Deming », illustration issue de Adary A., Mas C. et Westphalen M.-H., *Communicator*, 9e éd., Dunod, 2020.

Évidemment, très rapidement, pour que la démarche de progrès soit complète, il faudra aux professionnels de la communication et du marketing se fixer des seuils et peut-être bientôt, collectivement, *via* les associations ou syndicats professionnels, des standards. Et déjà existent des labels comme celui « Agences Actives » de l'AACC avec l'AFNOR basé sur l'ISO 26000 (*cf.* chapitre 2).

La mesure de la communication et du marketing doit donc suivre la nature des engagements. À chaque « promesse », son indicateur de performance (KPI) et sa méthode d'évaluation. Dans le cadre d'une pratique naissante, la mesure est encore plus essentielle car elle répond à un enjeu de légitimité. La communication et le marketing responsables promettent beaucoup de « mieux », il convient dès lors de le démontrer. Néanmoins, au moins cinq autres bénéfices doivent être évoqués quand on parle d'évaluation : objectiver l'état initial et cartographier les jalons de progrès, justifier les moyens investis, arbitrer entre différentes solutions, allouer au mieux des ressources limitées, manager les équipes.

La communication et le marketing responsables visent à changer les pratiques, les modes de fonctionnement, les modes de management de nos organisations. Nous l'avons vu, la majorité des approches déjà engagées ont toutes à leur source une démarche de mesure, un score. En effet, comment oser promettre des impacts sans disposer de la balance pour les mesurer ? Selon l'adage attribué à Peter Drucker[2] : « *You can't manage what you don't measure* », on ne peut gérer ce que l'on ne mesure pas !

De fait, assez logiquement, des indicateurs et des démarches de mesure s'intègrent dans chacun des trois grands piliers de la communication et du marketing responsables.

1. Sincérité, authenticité, éthique des messages et des pratiques.
2. Éco-socio conception et diffusion des contenus et des contenants.
3. Co-construction avec les parties prenantes.

Les objectifs et indicateurs vont ensuite se calquer précisément sur les enjeux singuliers de chaque organisation, de telle sorte qu'il n'est pas possible de proposer une liste universelle d'indicateurs qui fonctionneraient pour toutes les entreprises, tous les contextes, en tout temps.

Première règle simple et universelle à retenir donc : pas de mesure sans objectifs. Car comme le disait Sénèque : « *Il n'y a pas de vent favorable pour celui qui ne sait pas où il va.* » Dans un premier temps, définissez précisément vos objectifs, vos indicateurs en découleront comme des évidences.

2. Professeur, consultant américain en management d'entreprise, auteur et théoricien.

2. Un objectif, c'est SMART

Un objectif de communication ou de marketing responsables doit répondre à certains critères pour constituer un véritable objectif. Ils sont au nombre de cinq et se résument par l'acronyme SMART.

1. **S** pour « Spécifique » ou « Singulier » : à nul autre pareil.
2. **M** pour « Mesurable » : on peut évaluer un objectif s'il est atteint ou non grâce à des méthodes, des protocoles spécifiques. Un objectif non mesurable s'appelle « un vœu pieux » ou « une promesse de 31 décembre ».
3. **A** pour « Atteignable », « Acceptable » ou « Ambitieux » : renvoie à l'idée que l'on part d'un état initial connu pour parvenir à un point d'arrivée raisonnable compte tenu des moyens engagés (le R ci-dessous). Le premier réflexe dans une démarche de responsabilité est d'objectiver l'état de départ, le fameux « T0 ».
4. **R** pour « Réaliste » : on utilise de façon optimale les ressources dont dispose l'entreprise, en tenant compte des contraintes, pour atteindre un objectif. Arbitrer en fonction des ressources disponibles et des impacts possibles, là est toute la science à acquérir et à mettre en œuvre.
5. **T** pour « défini dans le Temps » : l'échéance à laquelle il convient de mesurer l'effet escompté. Évidemment, sur les enjeux de responsabilité, il faut se contraindre à opérer des petits pas pour mesurer des progressions ou jalonner précisément des ambitions fortes.

Attention, le but n'est pas toujours de croître, on peut aussi exprimer des objectifs sous la forme suivante : maintenir le niveau atteint l'an passé, ne pas descendre en dessous de...

Ainsi, pour prendre un peu plus de hauteur sur les enjeux d'évaluation, il faut se référer au système de mesure de la communication initié par la Commission européenne à l'issue de nombreux ateliers de travail animés par le cabinet Occurrence. On remarquera qu'il repose en amont sur des objectifs SMART. L'intérêt principal de ce système est de proposer une chaîne de valeur pour la communication, applicable à la communication responsable.

Notamment, de dissocier les trois dernières étapes de la performance bien distinctement.

- *Outputs :* la performance des moyens, la performance de la production, une vision encore très pragmatique (mais nécessaire) de la réussite. « Nos actions ont-elles touché leurs publics (audience, etc.) ? »
- *Résultats :* plus ambitieux, la performance dans l'opinion (notoriété, compréhension). « Nos actions ont-elles « pénétré » leurs audiences ? »
- *Impacts :* la performance transformative, le Graal, la modification des comportements, les changements culturels. « Nos actions ont-elles transformé leurs audiences ? »

Cette grille est opérationnelle et permet de structurer son tableau de bord de pilotage selon cinq étapes et des KPI afférents. Par ailleurs, la Commission recommande de consacrer 3 à 5 % du budget des actions à la mesure de leur performance. Là encore, une vision très professionnelle, mâture et engagée.

Indicateurs du réseau communication

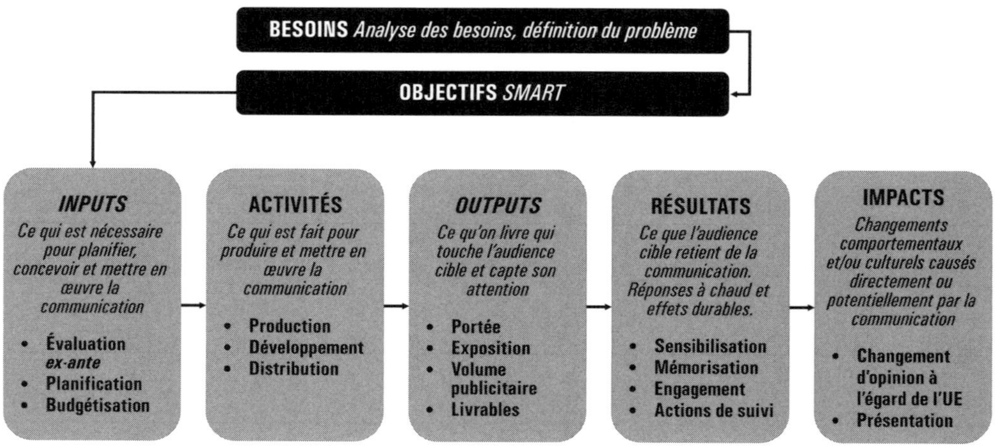

Source : Commission européenne.

3. Une équation à trois inconnues

Premier axe : sincérité, authenticité, éthique

Voici quelques KPI possibles (liste évidemment non exhaustive).

- 100 % des campagnes publicitaires soumises à l'ARPP.
- 100 % d'engagement à suivre un avis ; retirer dans 100 % des cas une publicité recevant un avis négatif du Jury de Déontologie Publicitaire.
- Droit à l'image obtenu dans 100 % des visuels utilisés.
- Aucune diffusion de stéréotypes : utilisation systématique des outils d'auto-évaluation de l'ADEME sur le *greenwashing* et de Com-Ent sur les stéréotypes sexistes (*cf.* chapitre 5). Ce réflexe est valable autant sur vos productions de communication internes qu'externes.
- 100 % des data (allégations, performance, etc.) diffusées dans vos communications sourcées.
- 100 % des actions réalisées *via* des influenceurs identifiés comme tels (sponsoring, etc.).
- 0 € d'achat publicitaire contre du rédactionnel.
- Aucun cadeau à des journalistes de plus de X €.
- Aucun *follower*, aucun *like*, commentaire, avis ou vue achetés.
- Mesure de l'accès aux outils digitaux *via* des évaluations officielles et labéllisées (WCAG 2.1, *cf.* chapitre 5).
- Mesure du niveau linguistique utilisé dans les publications : B1, B2 ou C1, C2 ? % de contenu en langage clair ?
- Mesure de l'impact sociétal des campagnes *via* des démarches d'études quantitatives *ad hoc* ou l'enrichissement de post-test classique : cette campagne incite-t-elle à adopter des pratiques plus responsables ?

Deuxième axe : éco-socio conception

Sur cet axe, évidemment le bilan carbone des actions est un passage obligé, mais pour chaque action se posera très précisément le périmètre pris en compte pour l'analyse du cycle de vie (ACV) de l'objet marketing ou de communication analysé. Dit simplement, jusqu'où vous sentez-vous responsable en matière d'impact carbone ?

Les indicateurs sont simples à énoncer, mais parfois très compliqués à produire :

- empreinte carbone d'une action, d'une campagne, d'un film, d'un événement, etc. ;
- éventuellement, présenter ce bilan sous la forme d'une réduction par rapport à la même action l'année précédente ou par rapport à d'autres options possibles pour la réaliser ;
- évidemment, chaque année, produire la somme et indiquer le volume de réduction ;
- et mesurer le volume compensé (idéalement 100 % du résiduel).

Tous les outils évoqués dans ce livre (ADERE, Clap'Carbone, etc.) peuvent vous permettre de produire des données objectivées, pas uniquement en aval de vos actions mais aussi en amont, pour anticiper et corriger le tir avant de générer du carbone. Car la mesure n'est pas obligatoirement qu'une mesure *a posteriori* mais peut être très utile *a priori*, avant d'agir.

Exemple

Cet exemple présente le bilan carbone d'une campagne de communication nationale plurimédia pendant deux mois, réalisé grâce à la solution Bilobay : affichage, presse, télévision, cinéma et digitale. Au total, cette campagne, qui semble ambitieuse, a généré 223 tonnes d'équivalent CO_2 soit 1 393 304 kilomètres en voiture, ce qui donne à réfléchir...

Bilan carbone d'une campage : 223 tonnes équivalent CO^2

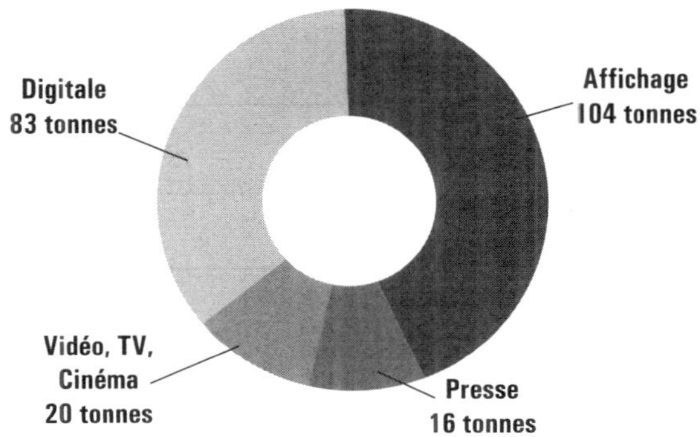

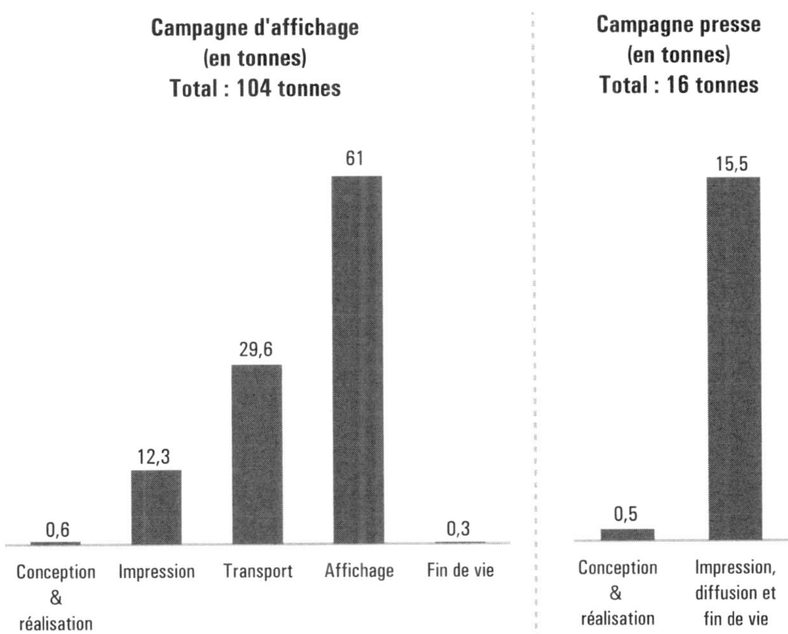

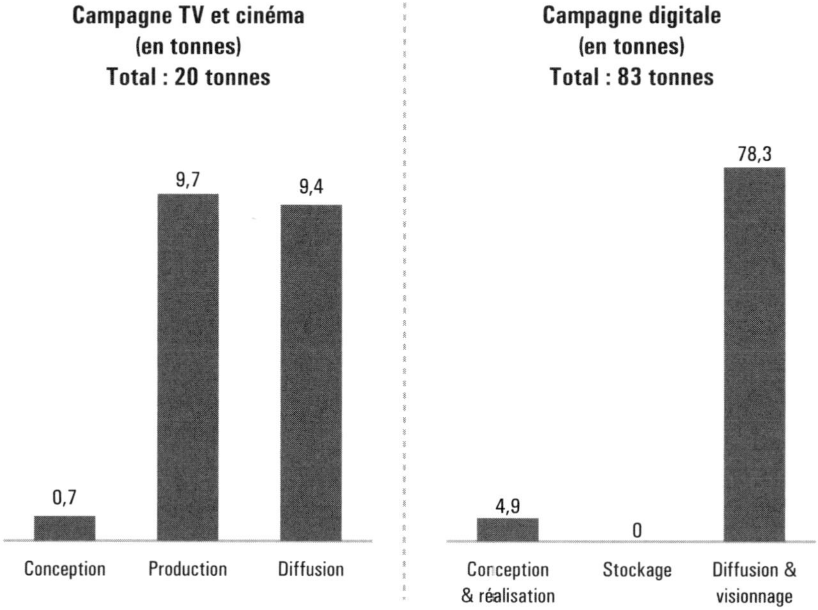

© Bilobay

L'élément qui collectivement doit nous interpeller le plus dans ce bilan concerne l'enjeu de la diffusion. Par exemple, pour le volet « digitale », la plus grosse partie de l'impact carbone (d'ailleurs la plus grande partie de l'impact global de toute la campagne) concerne le visionnage. Rappelons l'enjeu macro : en 2018, le visionnage de vidéos, qui représente 60 % du trafic de données dans le monde, aurait généré plus de 300 millions de tonnes de CO_2, ce qui correspond à la consommation énergétique d'un pays comme l'Espagne.

La question à laquelle nous devons faire face et que nous pointe cet indicateur, c'est que nous sommes responsables de l'impact carbone jusqu'au bout de la vie de nos actions : la dépose de l'affichage (faible impact), la fin de vie de nos formats imprimés et donc du visionnage de nos vidéos virales ! Et c'est ici qu'apparaît un élément majeur de la communication et du marketing responsables : les démarches de responsabilité sont-elles compatibles avec les enjeux de ROI (retour sur investissement) ?

Source : MediaSchool, « Bilobay : pour des campagnes de communications moins polluantes ? », *mediaschool.eu*

En matière d'impact carbone, l'équation est simple : plus vous performez, plus vous polluez. Votre événement attire beaucoup de visiteurs, alors votre score environnemental se dégrade. Votre vidéo devient virale (c'est souvent l'objectif), alors vous générez davantage de gaz à effet de serre, etc. Dans de nombreux cas, la seule solution sera de compenser, car réduire signifiera, en conscience, vouloir atteindre des objectifs modestes.

L'équation du directeur de la communication ou du marketing se complexifie donc. Il doit maintenant gérer une multitude d'équations à trois inconnues avec des arbitrages complexes pour chacune d'elles.

1. **Optimisation des ressources investies (RI)** : le budget évidemment, mais l'ensemble des autres ressources engagées, en premier lieu humaines. Cet élément de l'équation est important car il nous ancre un peu plus dans la prise de conscience que nos métiers sont profondément le produit d'une activité sociale, humaine. Le temps et le fait de compter ses heures (les fameuses *time sheets*) constituent un KPI important.
2. **ROI** : le retour sur investissement, donc les indicateurs de performance de la campagne (souvent 5, 10, 15 critères à collecter et à analyser).
3. **Impacts environnementaux sociaux et sociétaux (IESS).**

Équation à trois inconnues pour une communication
et un marketing responsables

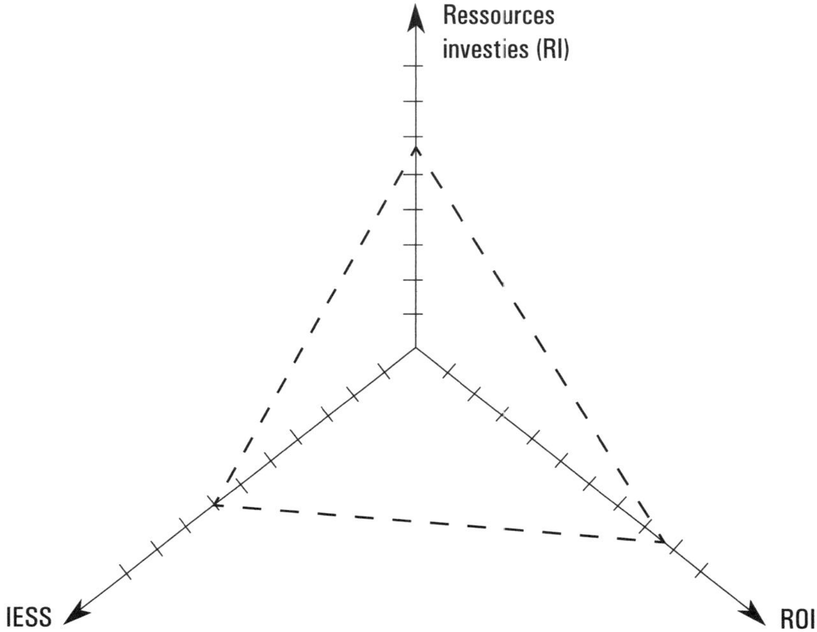

Les économistes avaient leur optimum de Pareto pour décrire une politique, une stratégie pour laquelle il n'existerait pas d'alternative d'allocation des ressources, dans laquelle tous les acteurs seraient dans une meilleure position. Les professionnels de la communication et du marketing doivent donc trouver leur optimum, auquel il faudrait trouver un nom d'ailleurs....

Zoom sur la pyramide des impacts positifs

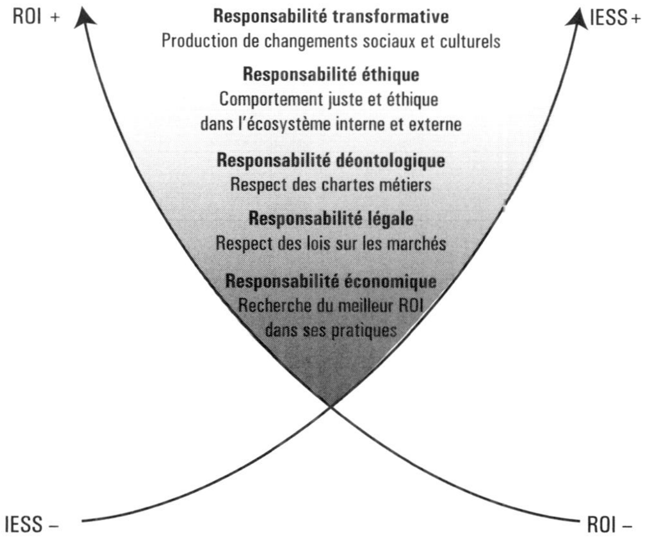

▪ Un optimum à mesurer et à piloter

$$\frac{\textit{Ressources investies}}{(\textit{ROI} + \textit{IESS})} = \textit{REX (Retour d'EXpérience) final}$$

Le résultat de cette équation permet d'obtenir l'optimum de la meilleure allocation des ressources de l'opération. Mais l'équation doit également intégrer des coefficients pour chaque impact. En effet, selon votre secteur, la politique RSE de votre entreprise, éventuellement sa mission et sa raison d'être, tous les impacts ne se valent pas.

L'optimum de la communication et du marketing responsables ?

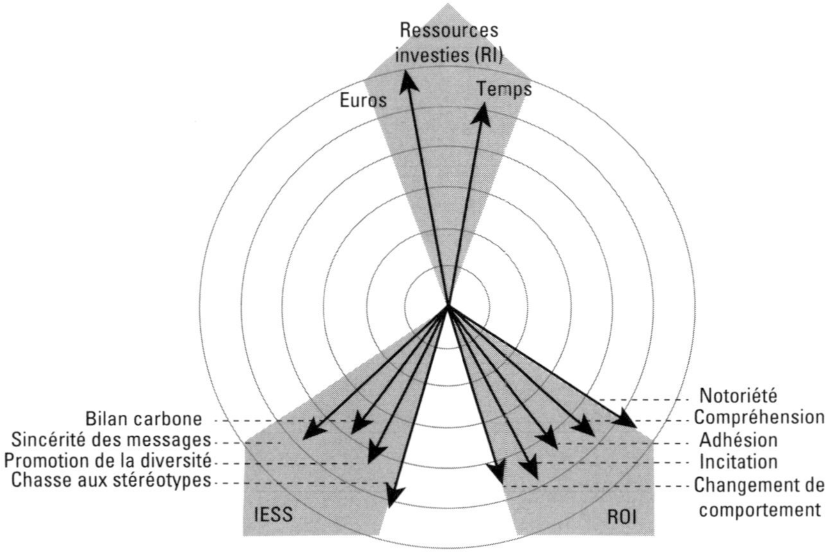

Ainsi, pour construire leur politique RSE, les entreprises ont souvent pioché dans les 17 Objectifs de développement durable proposés par l'ONU[3]. Ce choix colore et hiérarchise les impacts souhaités. De fait, le REX global de votre opération devient :

$$\frac{\textit{Ressources investies (Budget + Temps)}}{\textit{(ROI + (IESS n° 1 x coefficient) + (IESS n° 2 x coefficient) + …)}} = \textit{REX global}$$

Prenons un exemple concret : minorer la consommation de papier pour un groupe bancaire est une ambition louable mais moins importante que le fait de ne pas financer des mines de charbon.

3. Nations unies, « Objectifs de développement durable, 17 objectifs pour sauver le monde », *un.org*

■ **Un optimum de plus en plus complexe**

La mesure de l'optimum doit également se déplacer d'aval à amont : c'est la réflexion amont qui va réellement porter la responsabilité. C'est une évidence : en amont, avant d'agir, on peut encore choisir, arbitrer et donc réduire ou éviter les impacts. En aval, on ne peut que les constater, ce qui est en soi important pour les compenser ou les corriger dans des actions futures.

Ainsi, en matière de ROI responsable, les critères peuvent être plus sophistiqués. Une campagne devra toujours démontrer ses basiques (rappelons que communication responsable rime aussi avec efficacité) : « Les messages ont-ils été mémorisés, compris ? La campagne crée-t-elle de l'adhésion, incite-t-elle à utiliser/consommer/prescrire ? Est-elle en adéquation avec les valeurs de l'entreprise ? »

Mais on peut aussi enrichir l'étude de critères plus singulièrement responsables :

– un critère d'approbation : « Êtes-vous favorable à la mise en place d'un tel dispositif/action/offre ? » ;
– un critère d'utilité augmentée : « L'offre/le service est-il utile pour vous ? Utile pour la société ? Utile pour la planète ? ».

Enfin, si l'enjeu de la communication responsable est aussi d'engager le débat, on peut intégrer un critère pour mesurer la viralité de l'argumentaire : « Avez-vous discuté de ce produit/service avec vos proches (famille, amis, collègues) ? »

Tous ces indicateurs collectés auprès de vos parties prenantes sont déclinables pour chaque public et viennent enrichir le troisième pilier de la communication et du marketing responsables : la co-construction avec vos parties prenantes.

Troisième axe : dimension sociale

Ce dernier axe est essentiel en complément de l'enjeu environnemental car il traduit notre considération pour notre écosystème de travail entre les acteurs et au sein des organisations.

Quelques indicateurs macro ou hyper pragmatiques sont possibles (liste non exhaustive)

RELATIONS ANNONCEURS-AGENCES (KPI)	CRITÈRES RH	INTÉGRATION DES PARTIES PRENANTES (KPI)
• % de fournisseurs engagés dans la RSE • Poids des critères RSE (%) dans le choix des prestataires • Nombre de jours ouvrés offerts aux agences pour répondre à un appel d'offres (moyenne annuelle par exemple) • % d'appels d'offres dédommagés • Montant global de dédommagement dans le cadre de compétition (moyenne annuelle) • Délais de paiement des fournisseurs • Délais de paiement des fournisseurs particulièrement précaires (freelances, etc.)	• Critères d'équité salariale • Indice des diversités : à vous de définir la (ou les) diversité(s) que vous souhaitez faire progresser (dans le cadre du respect du RGPD) • Indicateurs applicables en matière de recrutement • Indicateurs de mesure du bien-être des collaborateurs • % de collaborateurs formés à la communication responsable	• Nombre de comités réunis (sessions, durées), pertinence du casting • Nombre de campagnes, outils, actions, ayant bénéficié d'une écoute, pré-test, etc., auprès des parties prenantes concernées • % de remarques prises en compte • % d'actions bénéficiant d'un pré-test ou d'un post-test • Scores d'engagement sur les réseaux sociaux pouvant témoigner d'une démarche de dialogue

Pour tous les KPI, une fois définis, il vous faudra construire le protocole de collecte des données ou acheter cette mesure à un institut d'études ou à un prestataire spécialisé (par exemple, les ACV).

Car avant la toute première mesure, le communicant est le plus souvent vierge de tout indicateur. Comment se projeter vers le niveau souhaité, attendu, alors que l'on ne dispose d'aucun repère ?

La première mesure est dès lors souvent réalisée en aveugle. Elle constituera le repère, le point de départ, la fameuse mesure initiale. En effet, comment établir ce qu'est un bon taux de lectorat pour son magazine sans référent ? Quel serait le bon taux de mémorisation pour une campagne publicitaire ? Que doit être un taux de participation à un événement que l'on pourra juger satisfaisant ? Il est important pour la démarche de mesure de s'obliger à se projeter vers un résultat, même si l'on ne rend pas publics les chiffres la première fois. Définir des seuils au démarrage de l'action aide à interpréter les résultats que l'on obtient à l'issue de l'action. Cependant, il est également possible de combler l'absence de repères en trouvant, notamment auprès des associations professionnelles, des standards qui permettent alors de disposer de *benchmarks* très utiles (des moyennes sectorielles, par exemple).

Pour simplifier, et éviter une approche binaire « réussi/raté », il est possible de plutôt définir un « intervalle » souhaité : un minimum et un maximum que l'on trouve parfois dans les groupes de culture anglo-saxons sous la forme de deux notions. Le *commitment*, qui correspond au minimum, à l'engagement de base en dessous duquel on considérera que vous n'avez pas atteint votre objectif ; et la *target*, le résultat qui signifie que l'on a atteint l'objectif visé et qui, de surcroît, permet le plus souvent de gagner un bonus !

Un objectif, des indicateurs, des méthodes et protocoles pour collecter et produire les données, des seuils pour indiquer l'ambition… Vous voici désormais équipé pour engager la démarche de progrès et d'amélioration continue de votre stratégie de communication et de marketing responsables. Votre cockpit est prêt, le pilote est dans l'avion !

Conclusion
Juste et mieux

Ni *bashing*, ni angélisme, le premier devoir d'un professionnel qui souhaite s'engager dans une démarche de responsabilité, c'est de se confronter, sans tenter de les esquiver, aux transformations nécessaires de ses pratiques. C'est le chemin de ce livre.

Et le chemin compte autant que le point d'arrivée. Accepter d'écouter les critiques des parties prenantes, être capable d'objectiver nos forces et nos faiblesses.

La responsabilité est aussi une forme de psychanalyse de nos métiers : être convaincu que nous sommes la solution et pas uniquement le problème, et s'en convaincre collectivement. Être convaincu que nous sommes le remède et pas uniquement le poison après des décennies de *bashing*, parfois mérité, le plus souvent exagéré.

Trouver un équilibre, un optimum, une ligne de crête. Parfois ça pique, parfois cela chamboule ses certitudes et ses opinions, c'est toute l'utilité et la beauté de cette révolution.

Pacifique mais nécessairement rupturiste, pas incrémentale. Nous n'avons pas le temps de la tranquillité. Changer le logiciel pour continuer à pratiquer nos métiers si essentiels à la société, mais qui sont aujourd'hui sommés de le démontrer vite et fort.

Une révolution qui ose contredire les aînés, poliment mais avec assertivité. On peut l'affirmer, McLuhan avait tort. En matière de communication responsable, le message prime sur le média[1] ! C'est le sens donné au contenu, sa sincérité, son éthique qui affecte le public et ce, quel que soit le canal.

Pour arriver à transformer notre secteur, le nombre compte, tout comme l'immunité collective face à un virus. Si nous n'atteignons pas 80 % d'engagés, nous aurons dû mal à modifier les lignes et nous retomberons dans nos travers parce que, ne pas trop changer, c'est tellement confortable.

Ce n'est pas une révolution des uns contre les autres, d'une caste au détriment d'une autre, des modernes contre les anciens, des *boomers* contre la GenZ. Ni une guerre picrocholine de plus entre agences et annonceurs avec les freelances qui comptent les points ou évitent les poings.

Non, c'est un mouvement, une vague, un courant, certains sont devant, entraînant les indécis ou ceux qui demandent encore « un peu plus de temps ». Mais à la fin nous gagnons tous, nous, la société, la planète.

La communication et le marketing responsables, c'est être juste, avoir une pratique juste de nos métiers.

Juste, c'est-à-dire fiable, professionnel (la communication et le marketing responsables ça s'apprend), savoir appliquer le bon geste au bon moment, maîtriser les savoirs, les savoir-faire et aussi les savoir être.

Juste, donc intègre dans nos pratiques de management, dans nos relations commerciales y compris entre concurrents, la loyauté partout et tout le temps.

1. « *The medium is the message* » signifie que la nature d'un média (du canal de transmission d'un message) compte plus que le sens ou le contenu du message.

Juste, c'est aussi faire prévaloir « le juste ce qu'il faut », déployer avec une sobriété choisie la stratégie équilibrée, avec frugalité, « juste ce qu'il faut et pas davantage ».

Évidemment, faire vœu de sobriété dans une civilisation de l'abondance est certainement l'enjeu le plus compliqué pour nos métiers. Au cœur de cet enjeu de frugalité, la question du marché, la communication et le marketing constituant une activité économique. Comment rendre compatible la frugalité et un marché qui pèse et donc « réclame » chaque année ses 46,2 milliards d'investissements, dont environ 15 milliards financent, *via* la publicité, les médias et ses 700 000 emplois[2] ? C'est le défi qui s'ouvre à nous, aux organisations professionnelles, aux écoles et universités, mais aussi très simplement et quotidiennement à chacun de nous.

Chaque jour les professionnels de la communication et du marketing devront résoudre des dizaines d'équation non plus à deux inconnus (budget *vs* ROI), mais à trois inconnues : optimiser leurs ressources face à leurs ambitions élevées et légitimes de ROI, prendre en compte tous les IESS (impacts environnementaux sociaux et sociétaux) et trouver un optimum.

Mais la communication et le marketing responsables, c'est avant tout une version enrichie de nos pratiques, non pas une version rabougrie de ce que nous sommes et faisons. C'est faire ce que nous faisons mais en mieux. Mieux, c'est-à-dire avec plus d'impacts positifs et l'identification puis la réduction des effets collatéraux négatifs. C'est une approche qui redonne à l'amont, à la réflexion stratégique initiale, toutes ses lettres de noblesse. Avant : tout est possible. Après : on ne peut que constater.

2. Étude EY réalisée pour le compte de l'UDA et de l'UDECAM auprès de 1 033 entreprises en 2017, « Les investissements en communication des entreprises en France ».

La responsabilité est donc *by design*. Elle est déjà comprise tout entière dans l'intention. Elle forme pour nos métiers un nouveau dessein. Puis elle se matérialise dans l'action et se mesure dans ses impacts.

Faire des choix stratégiques en faveur de la réduction de notre impact carbone, orienter nos pratiques pour rendre la vie de nos organisations plus saine et nos interactions professionnelles plus équitables et, de ce fait, attirer à nouveau les meilleurs talents, allouer nos budgets pour servir le bien et asphyxier le mal : un programme plutôt inspirant qui devrait rallier le plus grand nombre d'entre nous.

Du même auteur

Toute la fonction Communication (avec Libaert T. et Riom A.), Dunod, 2010.

Cheklists pour s'organiser (avec Finidori J-C. et Volatier B.), Eyrolles, coll. « Les p'tits LUS », 2010.

L'ISO 26000 en pratique (avec Lecomte S.), Dunod, 2012.

Évaluez vos actions de communication (avec Mas C. et Volatier B.), Dunod, 2e éd., 2012.

Comment votre swing peut améliorer votre management : 18 leçons de business par le golf, Éditions du Palio, 2012.

Les 100 premiers jours d'un(e) dircom (avec Salomon J-J.), Éditions du Palio, 2014.

Big ou Bug Data ? Éditions du Palio, 2017.

République-Bastille : sous les manifs, la com' ! Éditions du Palio, 2019.

Communicator (avec Mas C. et Westphalen M-H.), 9e éd., 2020.

Remerciements

Merci à Chloé Schiltz, mon éditrice, pour son écoute et ses contributions importantes à la réussite de ce projet.

Merci aux professionnels qui ont immédiatement répondu présent pour s'associer à ce livre par leur témoignage ou leur tribune.

Merci aux associations professionnelles de la communication et du marketing de s'être emparées de ce sujet et d'avoir œuvré, depuis des années, à l'évangélisation nécessaire des professionnels. Vous êtes à la source d'une grande partie des solutions présentées dans ce livre.

Tous ensemble nous engageons cette révolution.

83188 - (I) - SOP 90° - BPA - LGT

DUPLIPRINT
733, rue Saint-Léonard, 53100 MAYENNE
N° 2969985A
Dépôt légal : janvier 2022

Imprimé en France